Erstausgabe 2009

Neu überarbeitete und erweiterte Ausgabe
2020

Dieter Ebels

Duisburg

Legenden und alte Geschichten einer Großstadt

Bibliografische Information der Deutschen Nationalbibliothek:
Die Deutsche Nationalbibliothek verzeichnet diese Publikation in
der Deutschen Nationalbibliografie; detaillierte bibliografische
Daten sind im Internet über dnb.dnb.de abrufbar.

© 2020 Dieter Ebels
Herstellung und Verlag: BoD – Books on Demand, Norderstedt
ISBN: 978-3-7519-5236-1

Inhalt

Vorwort

Fast jede Region und jede Stadt besitzt ihre eigenen Sagen, Legenden und alte Geschichten. Diese Geschichten sind oft über Generationen nur mündlich überliefert worden. Schließlich wurden die meisten alten Erzählungen aber auch irgendwann einmal schriftlich festgehalten. Trotzdem gibt es auch heute noch Geschichten, von denen nur noch die Alten wissen, weil sie niemals niedergeschrieben wurden. Wer kann sich nicht an die Märchen erinnern, die früher die Eltern oder Großeltern zum Besten gaben? Und manche dieser Geschichten waren Überlieferungen, die sie selbst von ihren Eltern gehört hatten.

Als ich noch ein Kind war, da gehörten die Märchenstunden immer zu den Höhepunkten. Am liebsten hörte ich die Überlieferungen aus der eigenen Region. Denn dann konnte man sich bei einem Spaziergang, vorbei an den Überresten einer alten Eiche, vorstellen, wie dort in der Vergangenheit über die Hexen gerichtet wurde und man konnte die großen Felsbrocken im Wald liegen sehen, die angeblich der Teufel selbst dorthin geschleudert hatte. Irgendwann begann ich damit, solche Geschichten zu sammeln. Schließlich machte ich mich gezielt auf die Suche nach Legenden, Sagen und alte Geschichten meiner Heimatstadt Duisburg. Einen Teil dieser Geschichtssammlung möchte ich nun in diesem Buch interessierten Bürgern näher zu bringen. Einige Erzählungen hatte ich ja bereits gesammelt und als meine Sammelleidenschaft bekannt wurde, trug man mir noch weitere zu. Manche Geschichten bekam ich gleich mehrmals und obwohl sie identisch sein sollten, wichen sie untereinander in vielen Details ab. Es war nicht immer einfach, bei der Niederschrift einen richtigen Mittelweg zu finden, ohne dass wichtige Dinge verloren gingen. Bald hatte ich den Bekanntenkreis abgegrast und ich begab mich für weitere Recherchen in das Duisburger Stadtarchiv. Es war eine wahre Fundgrube. Nie hätte ich gedacht, dass es in unserer Stadt so viele Überlieferungen gibt. Ich fand in alten, vergilbten Texten genau das, wonach ich gesucht hatte. Teilweise waren die betagten Werke in schwer lesbaren, verschnörkelten Buchstaben niedergeschrieben und manche sogar in der alten Sprache, dem Duisburger Platt, die früher hier gesprochen wurde. Ohne Kenntnis dieser Sprache ist es fast unmöglich, die alten Texte perfekt zu übersetzen. Bei meinen Besuchen im Stadtarchiv stieß ich immer wieder auf Geschichten, von denen ich vorher niemals etwas gehört hatte. Diese Erzählungen aus alten Zeiten waren oft in der blumigen Aussprache der damaligen Zeit niedergeschrieben worden. Um den Lesern diese zeitgenössische Ausdrucksweise nahe zu bringen, habe ich einige Geschichten originalgetreu aus der aufgefundenen Literatur übernommen. Diese Erzählungen sind original so zitiert, wie sie in den alten Büchern zu finden sind. Bei der Suche nach alten Überlieferungen fühlte ich mich wie ein Schatzsucher, dessen Erfolg mit jeder neu entdeckten Legende stieg. Die vielen Stunden, die ich im Stadtarchiv verbracht hatte, habe ich nicht mehr gezählt. Trotz der großen Anzahl an gefundenen Geschichten bin ich mir bewusst, dass immer noch eine Fülle unentdeckter Erzählungen im Stadtarchiv, aber auch in den Köpfen von so manchen alten Duisburgern auf ihre Entdeckung warten.

Wer weiß schon, dass an einigen Orten in unserer Stadt noch unermessliche Schätze aus Gold, Silber und

Edelsteine verborgen sein sollen und wer kennt die Berichte über Hexen, Teufel und Zwerge, die hier in Duisburg ihr Unwesen trieben? Ich hoffe, dem Leser mit dieser Lektüre das Leben, wie es früher einmal auf Duisburger Stadtgebiet stattfand und die Ereignisse, die sich hier abspielten, oder abgespielt haben sollen, etwas näher zu bringen.

Ich wünsche den Leserinnen und Lesern dieses Buches viel Spaß bei der Reise durch Duisburgs dunkle Geschichten, Mythen und Legenden.

Dieter Ebels

*   *   *

Wie in Duisburg zum ersten Male
nach Kohlen gegraben wurde

An einem schönen Herbstnachmittag des Jahres 1561 saßen auf dem Duisserner Berg an einer Stelle, von der aus man die Stadtmauern Duisburgs sehen konnte, drei fahrende Gesellen. Sie gehörten zu jener Art von Lateinschülern, die niemals lange an einem Ort und an einer Schule aushielten, sondern von Stadt zu Stadt zogen, einige deshalb, um berühmte Lehrer anderer Städte zu hören; die meisten aber, weil das ungebundene Zigeunerleben und die frischfreie Wanderschaft ihnen mehr zusagten, als ernsthaftes Studium. Unterwegs lebten sie von milden Gaben, von Betteln und Diebstahl. Manche dieser fahrenden Schüler studierten so ewig und alterten auf der Landstraße. Manche zogen bei beginnendem Alter, wenn die Unsicherheit der Lebenshaltung ihnen nicht mehr behagte, als Wunderdoktoren und Heilkundige umher und hatten bei der damaligen Unwissenheit des Volkes meist ein gutes Geschäft. Einige machten sich, wenn das Glück es wollte, als Stadtschreiber sesshaft, brachten es dann wohl zu einflussreichen Stellungen und wurden geachtete Bürger.

Die drei auf dem Duisserschen Berg machten verdrießliche Gesichter und schimpfen gewaltig. Sie waren heute morgen von Mühlheim abmarschiert, hatten sich unterwegs getrennt, um bei den Bauern im Guten oder Bösen Geld und Lebensmittel zu „fechten" und hatten den weithin sichtbaren Hügelrücken als Treffpunkt bestimmt. Jedoch zeigte sich heute die Ausbeute mehr als mager. Daher saßen sie mürrisch, kauten an trockenen Brotrinden und gestohlenen Rüben und sahen auf die Stadt nieder, die dort unten lag.

Die beiden Jüngeren zankten mit dem Dritten, einem schon erwachsenen Menschen mit dichtem, schwarzem Vollbart und etwas sorgfältigerer Kleidung, der der Führer zu sein schien.

„Uns in so eine Gegend zu führen!", schimpfte der eine. „Diese Bauern sind hartgesotten wie Krebse. Um eine Brotkruste zu ergattern, läuft man da drei, vier Höfe ab. Und misstrauisch sind die Kerle, passen auf wie Luchse. Ausgeschlossen, dass man so beiläufig ein Huhn mitnehmen kann!"

„Wenn das so weitergeht", knurrte der andere, „dann geb ich die Landstreicherei auf, meld´ mich da unten bei der Duisburger Schule an und lerne bei Mercator das Landkartenzeichnen. Das soll augenblicklich viel Geld einbringen!"

Der Schwarze zuckte die Achseln. Er trank gleichmütig ein paar Eier aus, die er in irgendeinem Hühnerstall „gekauft" hatte, und strich sich nachdenklich den Mund. „Wenn es euch wieder zum Cicero und Aristoteles zieht, meinetwegen. Wer Vagant ist, muss mit guten und bösen Tagen rechnen. Das heißt – ihr habt Recht, uns geht es nicht gerade rosig. Und wenn der Winter kommt, wird es erst recht schlimm. Wir müssen versuchen, uns irgendwo warm hineinzusetzen. Nun ist mir, als wir in Mühlheim bei den Steinkohlegräbern zusahen, so ein Gedanke gekommen, den wir da unten vielleicht ausführen können."

Er nestelte an seinem Ranzen und zog ein ziemlich neues Wams hervor, das er prüfend besah. Die Gefährten schielten gierig herüber.

„Zum Kuckuck, woher hast Du den Staat, Simon?" „Bis vor kurzem", sagte der Schelm, „gehörte er noch jenem Wirt, der uns in einer der letzten Nächte aufnahm. Ich ließ ihn, als wir morgens so früh aufbrachen, mitgehen.

Nun soll er mir gute Dienste leisten, dass die wackeren Duisburger nicht gleich den Vogel erkennen, der ich bin. Auch euch muss ich etwas herausstaffieren, zerlumpt, wie ihr seid. Ich denke, dass die paar Gulden, die ich mir eigentlich für den Winter fort gesteckt hatte, langen werden."

Die beiden drängten sich heran. „Was hast Du vor?" Da entwickelte der Vagant Simon seinen beiden Spießgesellen einen feinen Plan.....

Ganz Duisburg war in heller Aufregung. Alle Mäuler hatten zu tun. Gerüchte liefen. Man erzählte es sich auf dem Markt, beim Bartscherer und Tuchhändler. Gruppen biederer Handwerksmeister standen in lebhaftem Gespräch auf der Gasse, selbst während der Arbeitszeit. Und heute tagte sogar der Rat deswegen. Der hohe Stadtrat, beide Bürgermeister und vierzehn Ratsherren. Und in dieser Sitzung ging es ziemlich bewegt zu.

Da hatte sich ein Mann beim Stadtsekretarius gemeldet, hatte erklärt, Meister der Gesteinskunde zu sein und auf Duisburger Gebiet mit seinen beiden Gesellen Kohlen graben zu wollen, gute, echte Steinkohlen. Dieser Meister Simon machte einen guten Eindruck, trug anständige Kleider und warf mit lateinischen Brocken um sich, dass es nur so schwirrte. Der schien die ganzen Eingeweide der Erde bis in ihre tiefsten Tiefen zu kennen.

Georgius Weimann, der einflussreiche Stadtsekretaruis, hatte sich für diese Pläne einnehmen lassen, hatte auch, noch ehe der Rat einberufen war, einigen Freunden davon erzählt. Es ging wie ein Lauffeuer durch die Stadt, und auf einmal hatte ganz Duisburg das Kohlenfieber. Ha, nun würde man diesen Mühlheimern zeigen, dass man nicht auf sie angewiesen war; man würde, genau wie diese vielbeneideten Nachbarn das Geld scheffelweise aus dem Boden herausholen. Mancher stand mit überlegsamen Augen vor seinem Krautacker, seiner schlechten Schafweide. Wer konnte wissen, ob nicht gerade sein Boden ungeahnte Schätze barg?

Wie gesagt, in der entscheidenden Sitzung ging es sehr lebhaft zu. Meister Simon hatte noch einmal in wohlgesetzter Rede vor der hohen Versammlung seine Pläne dargetan. Danach war der Duisburger Grund und Boden seinen geübten Augen ganz besonders verheißungsvoll erschienen. Eine gründliche Untersuchung würde diesen ersten Eindruck gewiss bestätigen. Er riss mit sich fort. Die staunenden Stadtväter hörten gewaltige Förderziffern, sahen im Geiste bereits den ganzen Niederrhein mit Duisburger Steinkohle überschwemmt und die lieben Nachbarn von der Ruhr gänzlich aus dem Felde geschlagen.

Ganz besonders war es Herr Georgius Weimann, der in beredten Worten für Meister Simon eintrat. Zwar gab es auch gewichtige Gegenreden. Der erste Bürgermeister, Herr Walter Gym, ein kühl überlegender Mann, schüttelte hin und wieder den Kopf. Auch der Rentmeister knurrte missbilligend, weil ihn der Angriff auf den Stadtsäckel, der infolge der Grabereien und Gerätebeschaffung bevorstand, einen Schrecken einjagte. Von Seiten der Bürger meldete sich Gossen Holtgref, der Führer der „Seßtiener", und meinte, man solle den Wald, in dem Meister Simon graben wolle, nur lieber weiterhin zur Eichelmast für die „Farkes" benutzen. Da hätte man einen bescheidenen, aber sicheren Gewinn, anstatt unsicheren Versprechungen nachzujagen. Habe man nicht schon damals dem Wetzel Winnik im Stadtgebiet nach Salpeter graben lassen, um eigenes Pulver zu erzeugen? Was war dabei herausgekommen? Nichts als

Kosten! Von Salpeter keine Spur! Er fürchte, dass es mit den Kohlen genau so gehen werde.

Aber er begegnete aus der Versammlung heraus doch starkem Widerspruch. Die hohen Förderziffern hatten die Köpfe verwirrt. Und als der Stadtsekretarius, dem man schon manchen guten Rat dankte, nochmals für die Sache sprach, wurde sie mit Stimmenmehrheit beschlossen. Meister Simon sollte auf Stadtkosten im Duisburger Wald nach Steinkohlen graben, wofür ihm und seinen Gesellen pro Tag anderthalb Gulden bewilligt wurden. Die Gerätschaften sollten vom Rentmeister in Mühlheim gekauft werden. Zwar wurde das gute Ergebnis einer nochmaligen, gründlichen Gelände-untersuchung im Beisein von Ratsmitgliedern zur Bedingung gemacht. Aber Meister Simon verstand seine Sache.

Man kam hochbefriedigt von der Besichtigung zurück und trank – aus dem „gemeinen Säckel" – in der Weinschule 24 Quart Wein auf gutes Gelingen. Am „Hilligen Born" sollte die Graberei losgehen, wenn es die Witterung erlaubte, noch dies Jahr, sonst im Frühling.

Meister Simon trabte nun jeden Tag mit seinen beiden Begleitern in den Wald hinaus und nahm Vermessungen und Erdproben vor. Ein früher Frost und Schneefall machte den eifrigen Arbeiten vorläufig ein Ende. Der Rentmeister zahlte seufzend den Dreien die vereinbarten Verpflegungskosten, während sie es sich in Duisburg wohl sein ließen. Alle Zweifler waren verstummt. Die grundbesitzenden Bürger rissen sich um Einladungen um die drei Gesteinskundigen, bekamen mancherlei Ver-sprechungen und erwiesen sich erkenntlich. Einmal macht Meister Simon sogar eine längere Reise nach auswärts, wie er sagte, in ein anderes Bergwerksgebiet, um Erfahrungen zu sammeln. Dann kam der Frühling.

Die Gerätschaften, ein langes Seil, eine eisen-beschlagene Tonne und Grabzeug, waren längst beschafft, und nun begannen die Drei endlich am Hilligen Born zu wühlen wie die Maulwürfe.

Ungefähr ein Jahr nach jenem Herbsttag, an dem die drei Gesellen auf dem Duisserner Berg gesessen hatten, schritt Herr Stadtsekretarius Georgius Weimann durch den Duisburger Wald. Seil Ziel war der heilige Brunnen, an dem noch immer geschürft wurde, und er war in ausgezeichneter Stimmung.

Zwar hatte es inzwischen gerade wegen der Grabereien Ärger gegeben. Als sich nach langen Arbeiten noch immer kein Erfolg zeigte, begannen einige, die gleich zu Anfang gegen das Unternehmen waren, wieder zu zweifeln, zu murren. Sprachen von dem Geld der Stadt, das einfach ins Wasser geworfen wurde. Der Rat hatte sich wieder versammeln müssen, hatte eine leise Ermahnung zu größerem Eifer an Meister Simon nebst Gesellen gerichtet und überdies beschlossen, die Arbeit nicht mehr im Taglohn, sondern nach Maß der herausgeholten Erdmassen zu bezahlen. Simon ver-sprach und beschwichtigte, aber der Zweifler wurden immer mehr. Gossen Holtgref und der Rentmeister waren neulich im amtlichen Auftrag draußen gewesen, hatten die Arbeit nachgemessen und besichtigt und hinterher mächtig über das Abenteuer der Stadt geschimpft.

Der Stadtsekretär war all dem Gerede bisher entgegen getreten. Gut Ding will Weile haben, und ein Farken wird nicht an einem Tag fett. Er fühlte sich gewissermaßen verpflichtet, an dies Unternehmen, das er eigentlich veranlasst hatte, auch zu glauben. Zuletzt war auch ihm bange geworden. Die Rechnung des Rentmeisters war bereits beängstigend lang.

Aber nun war sein Wagemut glänzend gerechtfertigt worden. Er pfiff fröhlich vor sich hin. Gestern Abend war der Meister Simon in besten Staat bei ihm gewesen, hatte eine sehr zuversichtliche, ja strahlende Miene zur Schau getragen und einige Flaschen feines besten Rheinweins mit ihm geleert. Hatte dabei einige Bemerkungen fallen lassen: Morgen würde die Stadt ihr blaues Wunder erleben und dergleichen. Zuletzt war er, der Stadtsekretarius, mit einer gewissen Feierlichkeit von dem Meister eingeladen worden, sich morgen Nachmittag an der Grabestelle höchstselbst einzufinden. Es werde ihm dort eine sehr wichtige Eröffnung gemacht werden. Darauf hatte Simon alle stürmischen Fragen unbeantwortet gelassen und war mit einem Lächeln gegangen.

Kein Zweifel – der Erfolg war da. Man war auf Kohlen gestoßen. Seine weise Voraussicht hatte sich wieder einmal bewährt. Wie standen die Nörgler nun da? Er aber war der Wohltäter der ganzen Stadt. Selbstverständlich kam es auch ihm zuerst zu – nicht etwa dem Bürgermeister – in dem Augenblick zugegen zu sein, wo die ersten unterirdischen Schätze ans Tageslicht geholt wurden.

Seine Schritte wurden immer beschwingter. Ordentlich warm wurde ihm unter dem feinen englischen Tuchrock. Wie prächtig die Sonne heute lachte! Und wie die Vögel im Holz sangen! Und eine Fülle von Eicheln gab es dies Jahr! Da mussten ja seine Borstentiere – für zwölf Stück stand ihm die Waldmast amtlich zu – wahre Fleischberge werden. O, Herr Stadtsekretarius Georguis Weimann war mit sich und der Welt höchlichst zufrieden!

Dahinten lag der Grabort, die Stätte seines Ruhms! Gelbe Massen von Erde, Sand und Steinen türmten sich zwischen den jungen Buchenheistern und Hülskrabbenbüschen. Eigentlich war der idyllische Waldwinkel recht verunstaltet. Aber was machte das? Wenn erst hier die vollbeladenen Steinkohlenwagen fortächzen würden zur Stadt!

Kein Geräusch von Picken oder Schaufeln war hörbar. Man wartete da unten wohl auf ihn. Er stieß einen fröhlichen Ruf aus, aber niemand antwortete. Er trat näher, blickte in die tiefe Grube hinunter. Das Seil lag unbeweglich, die Tonne, mit der man die Erde heraufwand, stand gefüllt unten. Personen waren keine zu sehen.

Ein wenig befremdet kletterte Herr Georgius Weimann schnaufend in die Tiefe, hielt noch einmal an und rief schallend. Nichts – kein Mensch und kein Laut. Auf einmal witterte er Unrat. Aber nein, das konnte doch nicht.......

Ganz verstört sah er sich unten um. Viel Steine und Sand. Keine Spur von Kohlen. Keine Spur von Meister Simon und seinen Gesellen.

Da! Oben auf der gefüllten Tonne lag ein Zettel, sorgfältig mit Steinchen beschwert. Der Sekretarius griff eilig danach. Eine schöne Handschrift. Ein lateinischer Vers, kurze Zeilen, wie sie die Lateinschüler zu Geburtstagen und Festen zu fertigen pflegten. Nun, das machte ihm, dem gelehrten Stadtschreiber, keine Schwierigkeiten. Aber bald begannen die Buchstaben vor seinen Augen zu tanzen. Das war.....Das war.....das Blatt entsank seiner Hand, stöhnend, fassungslos, sank er auf einen Erdhaufen.........

Das Verschen lautete, ins Deutsche übertragen, etwa:

K o h l e n
Sind hier keine zu holen!
Euer Geld, das soll uns laben,
könnt selber weitergraben!!!

Zur selben Zeit wanderten fern durch den Wald, der sich am Schloss von Angermund hinzog, drei lustige Gesellen. Sie machten lange Schritte, schauten ab und zu lachend hinter sich und sangen:

Wir fahrenden Scholaren,
han weder Haus noch Zelt.
Die andern ducken sich im Nest,
wir han erkorn das allerbest:
Wir fahren in die Welt!

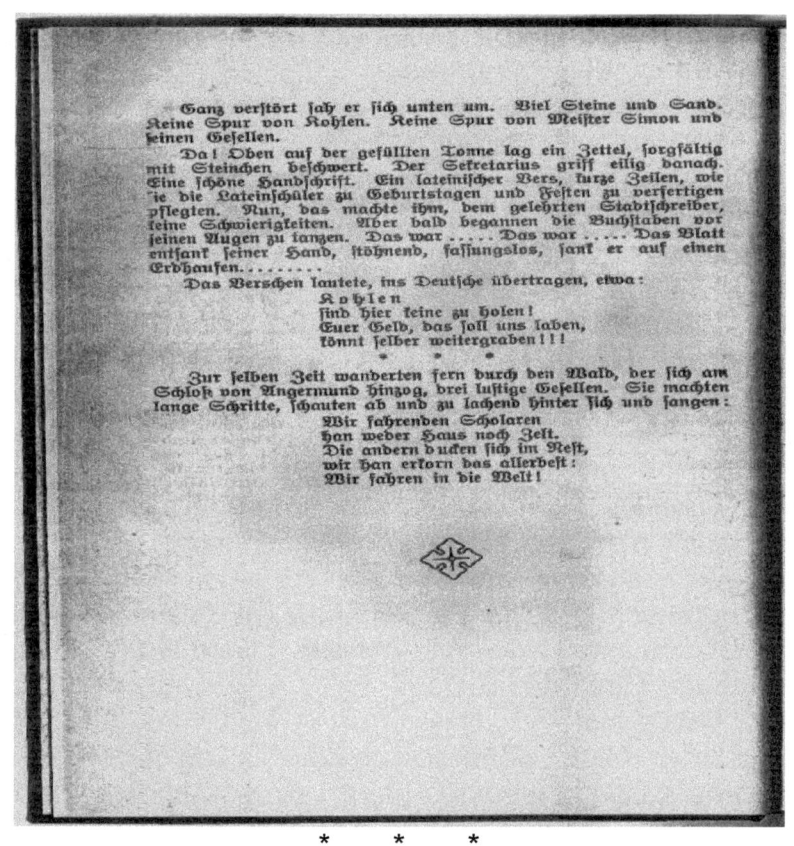

Die ehrliche Witwe

Vor langer, langer Zeit, als die Stadt Duisburg noch Duseberg geheißen hat, gab es einen wahrlich gottesfürchtigen Vorfall.

Eines Tages brach in der Stadt ein Feuer aus. Die Flammen verbreiteten sich in Windeseile und verschlangen alles, was sich ihnen in den Weg stellte. Überall in den, damals sehr engen Gassen, loderte eine fürchterliche Feuersbrunst. Die Bürger waren dagegen machtlos. Alle Versuche, das Feuer zu löschen, schlugen fehl. Jeder war bemüht, soviel von seinem Hab und Gut, wie er tragen konnte, zu retten, damit die Flammen nicht alles verschlingen konnten.

In einem der Häuser, die von dem Feuer noch nicht erreicht waren, wohnte eine Witwe. Diese hatte, nachdem ihr Mann verstorben war, in ihrem Haus einen Ausschank eröffnet. Die Frau war bei allen Bürgern sehr beliebt. Sie wurde von den Leuten besonders wegen ihrer Ehrlichkeit besonders geachtet, denn Ehrlichkeit war in der damaligen Zeit eine Tugend, die noch lange nicht jeder befolgte.

Als die Witwe nun sah, dass die wilde Feuersbrunst immer näher an ihr Haus heran rückte, bekam sie Angst, dass auch ihr Heim verbrennen würde. Das Haus mit dem Ausschank war alles, was sie noch hatte. Und als es schließlich so weit war und die ersten Funken auf ihr Dach prasselten, füllte sie die Krüge, in denen sie sonst das Bier ausschenkte, mit Wasser. Diese Krüge stellte sie vor die Türe ihres Hauses.

Dann betete sie:

„Gerechter Gott, wenn ich jemals in diesen Krügen falsches Maß geschenkt habe, so soll dieses Haus verbrennen, habe ich aber nach deinem Gebot gehandelt, so erfülle das Wort: Mit welchem Maß ihr messet, so soll auch euch gemessen werden."

Da geschah ein Wunder. Das Haus der ehrlichen Witwe wurde von der Feuersbrunst geschont.

Alle Bürger, die miterlebt hatten, dass der liebe Gott die ehrliche Frau vor Schaden behütet hat, fielen, ergriffen von dem Wunder auf die Knie und beteten zum Herrn. Diese Geschichte sprach sich schnell herum und immer wieder versammelten sich die Leute vor dem verschonten Haus, um Gott im Himmel zu preisen.

*   *   *

Kaiser Friedrich im Siebenjährigen Krieg

Der Pfarrer und der General

In den Jahren von 1756 bis 1763 wurde Europa vom Siebenjährigen Krieg heimgesucht. Alles begann damit, dass sich Kaiser Friedrich der Zweite von Preußen zu einem Präventivkrieg entschloss und Sachsen besetzte. Schließlich schlug er auch noch Schlachten in Böhmen und Schlesien. So hatte sich der Kaiser eine Menge Feinde gemacht und musste sich denen auch erwehren. Sein Erbfeind England, genauer gesagt, das englische Hannover, das auf der Seite Preußens stand, wurde in unseren Breiten von den Franzosen hart bekämpft.

Überall litt die Bevölkerung an den grausamen Wirren dieses Krieges. Auch vor unsere Heimatstadt machte der Krieg keinen Halt. Die französischen Truppen waren darauf aus, die preußische Festung Wesel zu ihrem Eigen zu machen. Damals hatte das französische Heer alles besetzt. Es versetzte die Bürger in Angst und Schrecken. Besonders schlimm hausten die Franzosen in Ruhrort und Duisburg. Ganze vier Jahre hielten sie hier Quartier und unterjochten die Bevölkerung. So mussten die Bürger Fleisch, Brot, Wein und Schnaps für die Soldaten und Hafer und Stroh für deren Pferde liefern. Als Bezahlung für diese Dienste gab es meistens nur irgendwelche Grobheiten von den Soldaten. Die Abgaben und Lasten der Bürger wurden immer unerträglicher. Die rücksichtslosen Unverschämtheiten und Begehrlichkeiten der Soldaten brachten immer mehr Leid und Kummer über die Bevölkerung.

Zu den schlimmsten Peinigern gehörte der französische General Fischer, der mit seinem Korps nahe Duisburg Station machte. Von seinen Truppen fielen oft mehrere tausend Mann in die Stadt ein und bemächtigten sich allem, was sie ergreifen konnten. Sämtliche Küchen und Kammern in der Stadt wurden leergegessen. Das Einzige, was sie zurück ließen, war Jammer und Elend.

Eines Tages hielt der Pfarrer Henke von der Johanniskirche einen Gottesdienst ab. In seiner Predigt klagte er vor Gott die große Not seiner Gemeinde. Er betete zusammen mit den Gläubigen zu Gott, damit ihnen in ihrem Elend bald geholfen werde. Während der Predigt des Pfarrers Henke betrat ein Mann das Gotteshaus. Es war der französische General Fischer. Als der Gottesdienst beendet war, begab sich der General zum Pfarrer und stellte ihn wegen der anprangernden Andacht zur Rede. Der Pfarrer zeigte keine Furcht vor dem General, sondern erzählte von den Abscheulichkeiten der Soldaten. Dann fragte er den General, ob der Anführer solcher Truppen nicht den Namen eines Teufels verdiene. General Fischer bewunderte den Mut des Kirchenmannes. Bisher hatte es keiner gewagt, ihn mit einem Teufel zu vergleichen und hätte es jemand getan, dann wäre er dafür sofort hingerichtet worden. Doch irgendwie nahm der General es dem Pfarrer nicht übel. Er wurde sogar sehr nachdenklich, denn irgendetwas musste an den Worten des Kirchenmannes wohl dran sein. Als der Pfarrer die Nachdenklichkeit seines Gegenübers bemerkte, handelte er sofort. Er lud den General zum Essen ein. Dieser war überrascht und sagte sofort zu. Als sie sich an den gedeckten Tisch setzten, war der General sehr verwundert, denn alles, was der Pfarrer ihm anbot, war Brot, Salz und Wasser.

„Wollt ihr mich etwa mit so einem kärglichen Essen beleidigen?", fragte der General den Pastor Henke.

„Nein, mein Herr", antwortete der Pfarrer. „Das, was hier auf dem Tisch steht, ist alles, was eure Soldaten übrig gelassen haben. Möge Gott mich bestrafen, wenn ich nicht die Wahrheit sage."

Als der General später zu seinen Truppen zurück kehrte, war es schon sehr spät. Dennoch ließ er noch am gleichen Abend reichlich Lebensmittel aller Art in das Pfarrhaus bringen. Dann erließ er den Befehl, die Plünderungen zu unterlassen und die Bürger nicht mehr so abscheulich zu bedrücken.

Von diesem Tage an hatte die Bevölkerung ein etwas besseres Leben, soweit man in Kriegsjahren von einem besseren Leben reden kann. Das alles hatten sie dem Mut ihres Pfarrers zu verdanken.

*   *   *

Der Teufel im Steinofen

Es begab sich vor vielen Jahren, als eine Bauersfrau ihrem Gatten einen wohlschmeckenden Kuchen backen wollte. Wenn der Bauer von seiner harten Feldarbeit heimkäme, dann sollte er sich an das vortreffliche Backwerk erfreuen. Sie knetete den Teig und formte daraus einen Kuchenlaib. Damit ging sie über den Hof zu zum Schuppen. Neben dem Schuppen stand der festgemauerte Steinofen, den sie schon gefeuert hatte. Mit der Ofenkelle stob sie die Glut beiseite und schob den Kuchenlaib tief in den Ofen hinein. Dann schloss sie die schwere, eiserne Ofentür. Die Bauersfrau begab sich wieder in ihre Stube, um ihrer Hausarbeit nachzugehen. Viele Dinge mussten noch erledigt sein, bevor der Gemahl vom Felde kommt. Zwar hatte sie das meiste schon getan, sie war im Kuhstall melken und misten, sie hatte das Federvieh versorgt und die Wäsche war auch schon gewaschen. Doch musste sie noch die Dielen schruppen, eine Hose des Bauern flicken und ein paar Socken stopfen. Doch die Bauersfrau war sehr fleißig und würde bis zur Heimkehr des Gemahles alles vollbracht haben.

Während die Bauersfrau in ihrer Stube wirtschaftete, kam eine Gestalt an ihrem Hof vorbei. Es war der Teufel persönlich. Als er den Duft, der aus dem Steinofen quoll, in seine Satansnase bekam, wurde er neugierig. Welch vortreffliches Backwerk mochte da wohl im Ofen sein? Er schlich zum Ofen und öffnete die Eisentür. Die Bauerfrau hatte den Kuchenlaib tief in den Ofen geschoben, deshalb vermochte der Teufel nichts zu erkennen. So beugte er sich tief in den Steinofen hinein. Da schlug die schwere Eisentür zu und klemmte den Kopf des Satans ein. So sehr der Teufel auch zog, schob und drückte, er kam nicht frei. Seine Neugier war bestraft worden. Nun begann er, vor Verzweiflung, lauthals um Hilfe zu rufen.

Diese Rufe drangen bis in die Stube zur Bauersfrau. Sie ließ all ihre Arbeit fallen und rannte hinaus zum Schuppen. Jetzt sah sie, was passiert war. Als sie erkannte, dass diese Gestalt, die dort mit ihrem Kopf im Steinofen steckte, einen Teufelsschwanz und einen Pferdefuß hatte, wusste sie, dass es der Satan persönlich war, der da in ihrem Ofen feststeckte. Aus Angst vor dem Bösen rannte sie, so schnell sie es nur vermochte, auf das Feld hinaus, um den Bauer zu holen. Gemeinsam kehrte das Bauernpaar zu ihrem Gehöft zurück.

Als der Bauer den Teufel sah, nahm er eine Mistgabel. Seiner Frau drückte er einen Dreschflegel in die Hände.

„Nun wollen wir das Böse einmal kräftig austreiben", sagte er.

Da verdroschen die Bauersleute den Satan nach Strich und Faden. Der Gepeinigte schrie vor Schmerz und bat jammernd um Gnade.

„Wenn ihr von mir ablasst und mich befreit, dann werde ich euch wohl belohnen", sagte der Teufel. „Ich werde euch geben, was ihr von mir verlangt."

Der Bauer wollte schon seit langem ein Streifen Land kaufen, welches in sein Feld hinein ragte. Doch konnte er bisher die dreitausend Kronentaler nicht aufbringen, die der Eigentümer dafür verlangte.

„Nun", sprach der Bauer zum Teufel, „Wenn du mir dreitausend Taler gibst, dann werden wir dich befreien und laufen lassen."

Der Satan versprach, ihnen das Geld zu geben. Da zogen die Bauersleute die schwere Eisentür des Steinofens wieder auf und ließen den Teufel frei. Dieser hielt sein Versprechen und brachte noch am selben Abend einen Kessel mit dreitausend Silbertaler zum Bauernhof. Direkt am nächsten Tag ging der Bauer zu seinem Nachbarn um ihn das Stück Land abzukaufen. Obgleich der Bauer wusste, dass sein geldgieriger Nachbar mit dreitausend Kronentaler das Land fiel zu teuer verkaufte, besiegelte er den Kauf. Als der Bauer die dreitausend Taler bar bezahlte, wollte sein Nachbar wissen, wie der Bauer denn so plötzlich zu so einer Menge Geld kam. Das erzählte der Bauer ihm die Geschichte vom Teufel, der in seinem Steinofen geklemmt hatte.

Als der Nachbar wieder alleine war, dachte er, geldgierig wie er war, dass auch er den Teufel wohl so überlisten könne. Er befahl seiner Frau, ebenfalls einen Kuchen zu backen. Der Kuchen sollte allerdings noch feiner sein und noch besser duften, als der von der Nachbarsfrau. Kaum war dieser Kuchen im Ofen, da kam auch schon der Teufel vorbei, um zu sehen, was der Bauer mit dem Pfandgeld gemacht hatte. Als der herrliche Kuchenduft seine Satansnase umfächelte, konnte er dem Drang nicht widerstehen, einen Blick in den Backofen zu werfen. Er schlich sich in das Backhaus und steckte seinen Kopf in die offene Ofentüre. Der listige Nachbar hatte sich aber im Backhaus versteckt und schob mit dem Stiel einer Schüppe die Ofentüre zu. Nun war der Teufel wieder gefangen. Er schrie und jammerte kläglich. Der Teufel bat um Gnade. Da meinte der geldgierige Nachbar, dass er wohl helfen würde, aber dass diese Hilfe mit vielen Talern belohnt werden müsse. So blieb dem Teufel keine Wahl. Er bot dreitausend Taler für seine Befreiung an, genau soviel wie er dem Bauern gegeben hatte. Doch wenn der Bauer mit dreitausend Talern zufrieden war, so war es der Nachbar noch lange nicht. Er verlangte für die Befreiung viermal soviel. Der Satan war nicht bereit, zwölftausend Silbertaler zu geben, doch als der Nachbar ihm sagte, dass er dann wohl noch so lange im Ofen stecken bleiben würde, bis er doch zahle, willigte der Teufel zähneknirschend ein. Und erst als der Teufel einen Pfandschein über diese Summe unterschrieben hatte, befreite der Nachbar ihn.

Noch am gleichen Abend kam der Teufel zum Nachbarn zurück. Er kam aber nicht allein, denn seine Großmutter begleitete ihn. Gemeinsam schleppten sie einen großen Kessel, der so schwer war, dass ihn alleine keiner tragen konnte. Als der Bauer die Zwei kommen sah und den schweren Kessel, der offenbar randvoll mit Silbertalern war, erblickte, rieb er sich bös lächelnd die Hände. In der Gewissheit, den Teufel überlistet zu haben, übergab er dem Satan den Pfandschein. Da machte sich der Teufel mit seiner Großmutter wieder davon.

Spät abends dann, begann der geldgierige Nachbar damit, das Geld in dem Kessel zu zählen. Plötzlich begann er, laut zu fluchen. Der Kessel mit dem Pfandgeld war nichts anderes, als eitel Schwindel und

Blendwerk. Oben im Topf lagen wahrlich ein paar echte Taler, doch das, was sich sonst noch im Topf befand, das war ein Haufen falscher Blechtaler, die nicht einen Pfifferling wert waren. Nun hörte man ihn laut fluchen, weil er so schmählich hintergangen worden war. Er spuckte Gift und Galle.

Von draußen blickten unterdess zwei Gestalten in den Raum, der Teufel und des Teufels Großmutter. Sie erfreuten sich der Schmach, die sie dem geldgierigen Manne zugefügt hatten und lachten sich ins Fäustchen.

*   *   *

Die Geschichte vom Unkelstein

Vor langer Zeit wurden die Gebiete einer Stadt mit Hilfe von Grenzsteinen gekennzeichnet. So war es auch für Duisburg üblich. Während es damals in Duisburg zwei natürliche Grenzen gab, nämlich den Rhein im Westen und die Ruhr im Norden, mussten die südlichen und die östlichen Seiten mit Grenzsteinen abgesteckt werden. Diese so abgesteckte Grenze bestand aus insgesamt 51 Steinen.

Damals war es üblich, dass diese Grenze regelmäßig begangen wurde, um die Ordnungsmäßigkeit der Grenzsteine zu überprüfen. Dazu nahm man alte Bürger mit, die alle Orte der Steine aus der Erinnerung gut kannten. Bei wichtigen Steinen war es sogar üblich, einige Jungen mitzunehmen. Diese Jungen wurden vor die Steine geführt und dort kräftig verprügelt, so kräftig, dass sie es nie mehr vergessen sollten. Der Sinn dieser Prügel bestand darin, dass man hoffte, die Jungen würden sich auch noch im Alter an diesen Ort gut erinnern. So glaubte man zu gewährleisten, dass immer Alte da waren, die sich der Lage der Grenzsteine ihr Leben lang bewusst waren.

Damals, als der Rhein noch sein altes Bett hatte und er in Richtung Innenhafen nach Osten floss, wurde in der Nähe des Koblenzer Turms am Springwall der Unkelstein aufgestellt. Eigentlich waren es zwei Steine, die dort standen, doch einer davon geriet mit den Jahren in

Vergessenheit. Dieser Grenzstein, der Unkelstein am Springwall, war viereckig. Der Name des Steines beruhte auf seiner Herkunft. Er stammte aus den Basaltbrüchen von Unkel am Rhein.

Eine alte Sage berichtet davon, dass in mondhellen Nächten eine Unke auf diesem Stein gesessen habe. Ihre Unkenrufe waren besonders laut und sie unkte die ganze Nacht durch. Die Töne der Unke hallten schauerlich durch die Dunkelheit und keiner wagte es, sich in ihre Nähe zu begeben. Man sagte, dass die Unke einen Schatz bewachte. Aber auch tagsüber mieden die Leute diese unheimliche Stätte, denn dort sollten, außer der Unke, noch einige andere, gar schauerliche Geister ihr Unwesen treiben.

So wurde aus dem Unkelstein der Unkenstein. Im Volksmund wurde diese Geschichte bis heute noch erhalten, denn sie hat wirklich etwas zu bedeuten. Heute weist der Straßenname „Am Unkelstein" noch auf diesen Ort hin.

*   *   *

Die Räuberhöhle am Steinbruch

In vielen historischen Quellen findet man Berichte über die Räuberhöhle am Steinbruch im Duisburger Wald. Diese Erzählungen handeln nahezu von der gleichen Geschichte. Nur wenn es um die Person des Räuberhauptmanns geht, dann weichen die Schilderungen von einander ab. So kann man in einem alten Buch lesen:

> *Am stillen Steinbruch im Duisburger Walde kann man im grauen Felsgestein, daraus das dunkle Wasser auf rotem Grunde hervorsickert, den Eingang zu einem geheimnisvollen Gang sehen, der den einsamen Waldteich mit der starken Stadt verband. Der finstere Gang öffnet sich zu einer weiten Halle, darinnen ein Räuber mit seinen Gesellen wohl Unterschlupf und Schatzkammer finden konnte. Schinderhannes selbst, der gefürchtete Räuberhauptmann, hauste vorzeiten in dieser Höhle und unternahm von dort aus, ein Schrecken für die Reichen und ein Trost für die Armen, seine Raub- und Spendezüge.* <

Demnach soll es der gefürchtete Schinderhannes selbst gewesen sein, der dort sein Unwesen trieb. In anderen Quellen, in denen man etwas über diese Geschichte lesen kann, ist der Räuberhauptmann nicht der Schinderhannes, sondern jemand, den man mit dem Schinderhannes auf die gleiche Stufe stellte. Man kann dort folgendes lesen:

Zu Zeiten Napoleons gab es eine gefürchtete Räuberbande. Deren verwegener Anführer war Mathias Weber aus Grefrath. Man nannte ich ehrfurchtsvoll den „Fetzer". Er war ein genau so gefürchteter Räuber gewesen, wie der Schinderhannes. Der Fetzer hatte in einer geheimen Höhle am Steinbruch im Duisburger Wald seinen Unterschlupf. In den unheimlichen Gängen dieser Höhle, in die sich niemand getraute, hortete er die Schätze seiner Beutezüge. Er raubte am ganzen Niederrhein. Keine Stadt und kein Dorf war vor ihm sicher. Als sich die Anzahl seiner Überfälle, Einbrüche und Diebstähle immer mehr erhöhte, gingen die Geschichten über die Fetzerbande wie ein Schreck-gespenst durch alle Lande. Nicht nur die Kinder fürchteten die Räuber. Auch die Erwachsenen erzählten sich auf den Straßen und in den Gassen wahre Schauermärchen über das Unwesen, welches die Fetzerbande trieb. Man sagte aber auch, dass der Fetzer es manchmal dem Schinderhannes gleich tat und nicht nur die Reichen bestahl, sondern auch den Bedürftigen gab. So waren es auch die Bürger aus der Oberschicht, welche die Obrigkeit dazu anhielt, der Räuberbande endlich ein Ende zu setzen. Da machten die Soldaten und die Polizisten überall im Lande Jagd auf den Fetzer und seine Mannen. Immer wieder fand man Verstecke der Bande. Doch wenn man glaubte, die Räuber dingfest zu machen, dann entwischten sie im allerletzten Moment. Das machte die Bürger der Oberschicht noch ängstlicher. Kaum einer der Reichen wagten sich noch aus ihrem

Haus, nicht einmal am helllichten Tag und wenn es Nacht wurde, dann verbarrikadierten sie die Türen und Fenster ihrer Gebäude. Alle hofften sehnsüchtig, dass dem räuberischen Treiben der Fetzerbande bald ein Ende gemacht würde.

Doch der Fetzer war ein schlauer und listiger Mensch. So schickte er oft zum Schein seine Bande in ein Dorf, um die Häscher abzulenken. Er selbst ging dann ganz alleine auf Diebeszug. So kam es denn auch, dass er eines Tages ganz alleine das Pfarrhaus zu Mühlheim an der Ruhr überfiel. Dort aber stieß er auf so heftigen Widerstand, dass ihm nur noch die Flucht blieb. Seine Häscher blieben ihm lange auf den Fersen, doch schließlich konnte er sie im dichten Duisburger Wald abhängen. Als er sich sicher war, nicht mehr verfolgt zu werden, schlug er sich zu der geheimen Höhle am Steinbruch durch. Dort fand er sicheren Unterschlupf. Nach einigen Tagen, die er in den geheimen Gängen verbracht hatte, stellte er fest, dass die Häscher immer noch nach ihm suchten. Sie wussten, dass sich der Fetzer irgendwo im Walde versteckt hatte. Darum umstellten sie das ganze Waldgebiet. Der Räuber sollte nicht noch einmal entkommen.

Mathias Weber, genannt der Fetzer, saß nun in der Höhle fest. Er überlegte, wie er den Häschern entgehen konnte und kam zu dem Schluss, dass er dazu ein Pferd brauchte. Er fasste einen listigen Plan, um sich ein Reittier zu erschleichen. Mit dem Pferd wollte er in das sichere Gebiet des Westerwaldes reiten. Von dort aus würde er Boten aussenden, die seiner Bande Bescheid geben sollten, ihm in den Westerwald zu folgen.

So schnitze sich der gerissene Räuberhauptmann aus einigen Ästen zwei Krücken. Er zerriss seine Kleidung bis diese aussah, wie alte Lumpen. Aus seinen

Hemdsärmeln riss er sich Fetzen heraus und machte daraus Binden. Mit der einen Binde umwickelte er ein Bein und die andere Binde wickelte er sich um den Kopf. Dann ritzte er sich mit dem Messer in den Finger und träufelte das Blut auf die Binden. So schleppte er sich zum Richtweg, der durch den Wald von Mühlheim nach Duisburg führte. Er sah aus, wie ein armer Bauer, der selber unter die Räuber gefallen war. Als er den Waldrand erreicht hatte suchte er sich einen Baum, dessen kräftige Äste bis über den Weg ragten. Dann warf er die Krücken auf die andere Wegesseite und kletterte auf den Ast, der am weitesten über den Weg hinausragte. Auf diesem Ast, fast über der Mitte des Weges, verharrte er.

Es dauerte nicht lange, da kam ein wohlbeleibter Mann hoch zu Ross des Weges. Es war ein Kohlenhändler aus Mühlheim, der sehr zufrieden über seine Geschäfte war, die er im Hafen von Ruhrort abgeschlossen hatte. Als der Mann plötzlich eine kärglich wimmernde Stimme vernahm, hielt er erschreckt das Pferd an. Verduzt blickte er sich um. Dann, als Kohlenhändler in die Richtung sah, aus der das Wimmern und Jammern kam, erblickte er direkt über sich, auf dem Aste hängend, einen Mann. Dieser sah aus, wie ein armer, zum Krüppel geschlagener Bauer.

Da rief der Fetzer:

Ach, gnädiger Herr, um Gottes willen helft mir! Böse Burschen haben mich armen Krüppel mit Hohn und Spott hier auf den Baum gesetzt und meine Krücken dort drüben auf die andere Seite geworfen. Wenn ihr ein Christenherz in der Brust habt, so holt mir doch meine Krücken her und helft mir vom Baume, auf dass ich meines Weges weiterziehen kann."

Der gutmütige Mann aus Mühlheim ließ sich das nicht zweimal sagen. Er glitt von seinem Pferde, ließ es unter dem Baum stehen und ging auf die andere Wegesseite, um die Krücken zu holen. Gerade als er die Krücken aufgehoben und sich umgedreht hatte, sah er, wie der arme Krüppel sich behend vom Baumast schwang und auf dem kürzesten Weg wie ein guter Reiter dem Pferd auf den Sattel fiel. Das Pferd bäumte sich erschrocken auf. Dann aber flog es unter der Hand seines neuen Herren auf und davon und bald verschwanden Pferd und Reiter seitlich in den Büschen, um auf Seitenwegen die Flucht zu ergreifen.

Da stand nun der gutmütige Kohlenhändler mit den Krücken des Räubers in der Hand und wusste immer noch nicht so recht, wie ihm geschehen war. Dem Fetzer war die geplante List geglückt. Mit einem pfiffigen Lächeln ritt er in die wiedergewonnene Freiheit hinein.

*　　*　　*

Die geheimnisvollen Ohrfeigen

Vor langer Zeit spielte sich in Meiderich eine gar merkwürdige Geschichte ab.

Es geschah an einem Donnerstag, da beschloss eine Bäuerin, zu ihrer Nachbarin zu gehen, um dort mit dieser mit Klatsch und Tratsch einen gemütlichen Nachmittag zu verbringen. Die Bäuerin hatte gerade das Mittagessen beendet und hätte eigentlich noch in der Hauswirtschaft zu tun, schließlich galt es, das Mittagsgeschirr zu spülen und den Herd zu reinigen. Doch stand ihr doch mehr der Sinn nach einer nachbarlichen Plauderei. So ließ sie ihre Arbeit liegen und ging zur Nachbarin.

Unterwegs aber geschah etwas schier Unglaubliches. Als die Bäuerin das Jungferngässchen durchschritt, bekam sie plötzlich ein paar Ohrfeigen. Erschrocken zuckte sie zusammen, doch konnte sie, obwohl es heller Tag war, nirgendwo eine Person ausmachen, von der sie die Ohrfeigen erhalten haben könnte.

Am nächsten Sonntag, als Bäuerin mit anderen Frauen auf dem Kirchweg war, erzählte sie von den geheimnisvollen Ohrfeigen, die ihr am letzten Donnerstag im Jungferngässchen schmerzlich verabreicht worden waren. Und siehe da, auch anderen Meidericher Frauen war es so ergangen. Auch sie berichteten davon, dass sie im Jungferngässchen geohrfeigt wurden und zwar immer am Donnerstagnachmittag. Auch diese Frauen haben keine Personen gesehen, von denen die Ohrfeigen kommen konnten. Einige Kirchgängerinnen erzählten sogar, dass sie, ebenfalls am Donnerstagnachmittag, genau auf diese Weise Ohrfeigen verabreicht bekamen, jedoch außerhalb in der Lipper Heide.

Bis heute noch hat man keine Erklärung für diese unheimliche Geschichte gefunden.

*   *   *

Das versunkene Kloster

Früher gab es in Duisburg eine Schlucht, die dem Glauben nach zur Unterwelt führte. Wenn man von der Sedanwiese auf dem Kaiserberg den neben der Monning führenden Weg überquert, sieht man diese Schlucht noch heute vor sich liegen. Damals soll direkt unter dem Nordabhang des Duisserschen Berges ein Kloster gestanden haben, dessen Geschichte ein schlimmes Ende fand. Es lag in einer sehr unwirtlichen Gegend, denn am Duisserschen Berg wuchs nur undurchdringliches und dorniges Gestrüpp. Die Nonnen dieses Klosters standen unter großen Einfluss dieser unwirtlichen Umgebung. So wurden mit der Zeit aus den frommen und guten Nonnen, boshafte Klosterfrauen, die sich einen Teufel um ihren Glauben scherten. Mit der Zeit vergaßen sie sogar das Beten. Als eines Tages ein frommer Kirchenmann das Kloster besuchte, sah er, welch frevelhafte Missstände dort herrschten. Er versuchte, die Nonnen zur Vernunft zu bekehren, damit sie den Herrn priesen und im Gebet den rechten Glauben wieder fanden. Doch die Klosterfrauen trieben weiterhin ihr gottesverachtendes Dasein. Darauf hin betete der fromme Kirchenmann zu Gott und bat den Herrn, sich dieser üblen Schar von boshaften Nonnen auf seine Art anzunehmen. Da wurde der Untergrund, auf dem das Kloster erbaut worden war, zu einem Sumpf. Sogleich versank das Kloster samt seinen ungläubigen Nonnen im morastigen Boden. Es versank so tief, dass nur noch die oberen Reste der Klostermauern aus der Erde heraus schauten.

Wie diese Geschichte entstand, ist nicht genau bekannt. Damals lebten Nonnen im Kloster Duissern. Das ganze

Land gehörte dem König. Der eigentliche Herrscher war seinerzeit Kaiser Friedrich der Zweite, Enkel des großen Barbarossa. Da der Kaiser aber mehr in Italien als in Deutschland lebte, waren viele deutsche Fürsten ihm nicht wohl gesonnen. Man befürchtete Aufstände und Kriege im ganzen Land. In Kaiserswerth regierte damals Burggraf Gernand, Vogt von Duisburg. Dieser bestimmte im Namen des Kaisers über das Kloster Duissern. So gab er eines Tages die Anordnung, das Kloster, welches seinen Standort zwischen Oranienstraße und Schwarzer Weg hatte, zu verlegen. Das Kloster wurde direkt am Fuße des Duisserschen Berges neu erbaut. Aus dem Berg, direkt oberhalb des neuen Klosters, entsprang die Marienquelle. Sie sollte die Nonnen stets mit Frischwasser versorgen. Doch diese Quelle war nicht nur von Vorteil. Das, aus ihr sprudelnde Wasser sorgte auch dafür, dass die Gegend am Fuße des Berges sehr morastig war. Die Umgebung des Klosters wurde als feucht und ungesund bezeichnet. Die Nonnen protestierten daraufhin gegen ihren neuen Standort. Sie wollten ihr Kloster an eine angemessene Stelle sehen und nicht in dieser Unwirtlichkeit.

Tatsache ist, dass dieses Kloster wirklich einige Jahre dort gestanden hat. Es wurden auch einige Mauerreste gefunden. Doch was aus dem Kloster geworden ist, weiß keiner. Es geht aus den Überlieferungen nicht hervor. Man vermutet aber, dass es erneut verlegt worden ist.

Es ist möglich, dass die Sage vom untergegangenen Kloster etwas mit der Geschichte des Klosters Duissern zu tun hat, doch genau weiß es keiner.

*   *   *

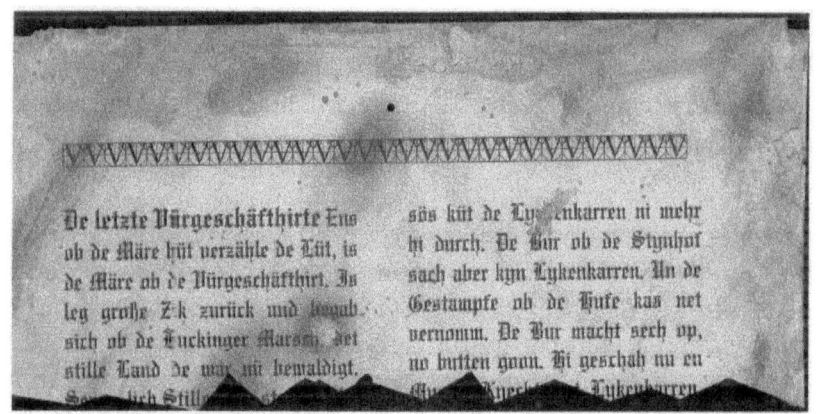

Der Huckinger Schafhirte

Vor langer Zeit lebte in der Huckinger Marsch ein einsamer Schafhirte. Er liebte die Ruhe und die Einsamkeit. Deshalb war er froh, wenn er ganz alleine und ungestört mit seiner Herde durch die Wälder und über die Wiesen ziehen konnte. Wenn es nur eben ging, dann mied der Schäfer die Straßen und Wege, denn er wurde nur ungern von anderen Menschen angesprochen. Das war auch der Grund dafür, dass er oft sogar in ruhigen, windstillen Nächten umherwandelte. Diese einsamen Gänge liebte er ganz besonders, denn dann konnte er ungestört die Natur fühlen.

Sein merkwürdiges Verhalten hatte aber einen ganz anderen Grund. Er war anders, als die anderen Menschen, denn er hatte das „Zweite Gesicht", eine Gabe, die von den Huckingern das „Vürgeschäft" genannt wurde.

Hatte jemand das Glück, den einsamen Schafhirten zu treffen und dann auch noch den Mut, den „Vürgeschäfthirte" anzusprechen, dann wusste er hinterher oft von den Voraussagen des Schäfers zu berichten.

Doch es waren wahrlich nicht immer gute Dinge, die der einsame Hirte voraussah.

So geschah es, dass er einmal gemeinsam mit dem Bauern vom Steinhof über das Feld ging. Als sie den Hauptweg erreichten, bat der Schäfer den Bauern plötzlich, vom Weg fortzukommen. Als der Bauer fragte, warum er vom Weg herunterkommen solle, da antwortete der Schäfer, dass sonst der Leichenkarren hier nicht mehr durchkommt. Der Bauer vom Steinhof sah aber keinen Leichenkarren und das Stampfen von Hufen konnte er auch nicht vernehmen. Schließlich machte sich der Bauer wieder auf den Weg nach Hause. Auf dem Heimweg überlegte er, warum er, auf Wunsch des Schäfers, den Weg frei gemacht hatte, obwohl nirgendwo ein Leichenwagen kam. Er fand aber keine Antwort. Drei Tage später aber passierte etwas, dass es dem Bauern unheimlich werden ließ. Denn da fuhr ein Leichenkarren auf genau dem Weg. Darin war die Leiche eines seiner Knechte, der zum Kirchhof gefahren werden musste.

Auch der Bauer vom Remberg ging einst mit dem Schäfer durch die Wiesen und Felder. Sie kamen am Haus Böckum vorbei. Da zeigte der Vürgeschäfthirte mit dem Finger auf ein Fenster und sprach: „Dort, durch das Fenster an der Außenseite des Hofes wird eine Leiche hinausgeschafft." Der Bauer vom Remberg konnte aber nichts sehen. Kurze Zeit danach aber verstarb ein älterer Knecht des Bauern auf Haus Böckum. Zu der Zeit aber war die Anger überschwämmt und die Wassergräben um das Schloss herum so hoch gefüllt, dass der Leichenkarren die Einfahrt in das Schloss nicht befahren konnte. So musste man den Sarg mit dem Leichnam des toten Knechtes durch das Fenster hinausheben. Es war genau das Fenster an der Außenseite des Gebäudes, auf das der Schäfer gedeutet hatte.

Oft noch hatten Leute versucht, den Schäfer zu treffen, um eine Voraussagung zu bekommen, doch da er immer sehr zurückgezogen und manchmal sogar versteckt lebte, fanden sie ihn häufig nicht. Wenn er aber seine Gabe im Dienst neugieriger Menschen stellte und eine Voraussagung machte, dann nahm er niemals dafür Geld, Geschenke oder eine andere Gabe entgegen. Das sprach gegen seine Ehre.

Als der Hirte von Huckingen eines Tages verstarb, starb mit ihm der letzte Mensch, der die Gabe des „Vürgeschäfts" besessen hatte.

* * *

Der glühende Wagen

Es begab sich, als eines Nachts, am Martinitag, sich eine Gruppe junger Leute auf dem Heimweg machte. Sie kamen von der Kirmes zu Aldenrade und hatten dort gar kräftig gezecht. Übermutig und ausgelassen, wie sie waren, kamen sie in der Dunkelheit vom rechten Weg ab. Es dauerte eine ganze Weile, bis sie bemerkten, dass sie ihren richtigen Weg verfehlt hatten. Um aber nicht mehr zurück gehen zu müssen, entschlossen sie sich dazu, von nun an querfeldein in die Richtung zu laufen, in der ihr Dorf lag.

Da sie in der finsteren Nacht nicht viel erkennen konnten und auch durch die Zecherei unsicheren Fußes waren, kamen sie nur stolpernden Schrittes voran. Als sie gerade in der Mitte eines großen Sturzackers waren, sahen sie aus der Ferne etwas auf sie zukommen. Es war ein flammender Wagen, der genau in ihre Richtung angefahren kam. Wie groß war der Schrecken, als der Wagen, auf dem die Flammen loderten, plötzlich vor ihnen stehen blieb.

Vorn, auf dem Kutschbock, saß ein steinalter Mann. Er hielt seine feurigen, Licht ausstrahlenden Pferde fest an den Zügeln. Der Wagen selbst war randvoll mit Grenzsteinen beladen und all diese Steine glühten hell.

Die jungen Leute erschraken noch mehr, als der alte Mann auf dem Kutschbock sie mit klagender Stimme begrüßte:

„Guten Abend."

Dann bat der Mann sie, ihm etwas Zeit zu opfern, damit er ihnen seine Geschichte erzählen konnte. Die jungen Burschen willigten stumm und ehrfürchtig ein. Aufgeregt, so als sei der Teufel hinter ihm her und wolle ihn verderben, begann der Mann zu sprechen. Jedes Jahr zur Martininacht, so sagte der Alte, müsse er die glühenden Grenzsteine mit dem feurigen Wagen über die Aldenrader Felder lenken, damit er einen guten Menschen findet, der bereit ist, ihn zu erlösen. Er erzählte, dass er zu seinen Lebzeiten neidisch und habsüchtig gewesen war und deshalb, hier im Aldenrader Feld, einen Grenzstein versetzt hatte. Er bat die jungen Leute, ihm das Versprechen zu geben, für die Rückkehr des Steines auf seinen alten Platz zu sorgen. Die jungen Leute aber blickten ihn nur stumm an. Nun begann er, sie herzerweichend anzuflehen, ihm seine Bitte zu erfüllen, da diese Fahrt mit dem feurigen Wagen seine letzte sei, die er zur Erfüllung seiner Erlösung machen durfte.

Nun wussten die jungen Burschen, dass der alte Mann ein verfluchter Grenzsteinfrevler war. Sie bekamen es mit der Angst zu tun und liefen davon. Der letzte von ihnen kam aber bereits nach drei Schritten zum Stolpern. Er stürzte der Länge nach in eine tiefe Furche. Als der unheimliche Alte auf dem feurigen, glühenden Wagen das sah, jubelte er laut und rief:

„Bleibe hier und rette mich! Lass mich nicht verloren sein! Unrettbar bin ich dem Bösen verfallen, wenn ich nicht deine Hilfe finde! Lasse meine Hetzjagd über die Aldenrader Felder nicht mit meiner ewigen Verdammnis enden!"

Da rief der junge Bursche:

„Hinweg mit dir, du elender Versetzer eines Grenzsteines! Sei verflucht bis in alle Ewigkeit!"

Eilig sprang er auf und rannte hinter seinen Kumpanen her. Diese aber waren bereits in der Dunkelheit verschwunden. Plötzlich hörte der junge Bursche einen grellen Schrei, einen Schrei, der ihm durch Mark und Bein ging, einen Schrei, der ihm sein Leben lang noch in den Ohren geklungen hat. Es war der alte Kutscher, der diesen Schrei ausstieß. Als der Bursche sich entsetzt umwandte, sah er, wie der brennende Wagen mit den glühenden Steinen samt Pferde und dem schreienden Alten im Aldenrader Acker versank. Aus der entstandenen Grube warf sich ein breiter, schauriger Lichtstrahl zum dunklen Nachthimmel empor.

Ängstlich lief der Bursche nach Hause. Als er diese Geschichte seinen Kumpanen erzählte, beschlossen sie, am nächsten Tag noch einmal zu dem Acker zu gehen. Genau an der Stelle, wo der feurige Wagen versunken war, erblickten sie eine Vertiefung, deren Boden von fast schwarzer Farbe war.

*   *   *

Ein Opfermahl am Heiligen Brunnen

Die alten Germanen, so geht es aus historischen Büchern hervor, sollen sich regelmäßig auf dem „Hömberg" in Duisburger Walde getroffen haben, um ihren gemeinsamen Gebräuchen nachzugehen. Dort haben sie auch das Fest der Wintersonnenwende am 21. Dezember gefeiert. So kann man in den alten Schriften über dieses Opfermahl folgendes lesen:

Der Wald lag verschneit da. Nichts regte sich ringsherum. Die Tiere hatten sich in das schützende Gestrüpp verkrochen. Nur ein Fuchs schnürte schnuppernd und sichernd den schmalen Waldsteig hinan. Hell und glänzend strahlte der Mond vom wolkenlosen Himmel. Es war eine sternklare Nacht.
Auf dem Wege vom Wolfsberg zum Heiligen Brunnen kamen drei Männer daher. Sie waren mit Schild, Schwert und Wurfspeer bewaffnet. Gegen die schneidende Winterkälte waren sie durch einen warmen Wollumhang geschützt. Die Füße steckten in warmen Schuhen aus Tierfellen. An den Beinen trugen sie lange Hosen. Hinter sich her führten sie ein junges Rind, das ihnen geduldig folgte. Als sie am Heiligen Quell angekommen waren, banden sie das Tier an einer der hohen Buchen fest, welche die Quelle umstanden. In einem Becken hatten sie glühende Holzkohlen mitgebracht. Bald schlugen lodernde Flammen empor, die eine wohltuende Wärme verbreiteten und weithin durch die Nacht leuchteten.
Dann wurde es plötzlich im Wald lebendig. Von allen Seiten traten germanische Bauern aus dem Dickicht hervor. Auf verschiedenen Waldwegen waren sie zum Heiligen Brunnen gekommen. Sie waren alle in der gleichen Weise bewaffnet und gekleidet. Der freie

germanische Bauer führte stets seine Waffen mit. Die meisten traten zuerst zu dem brennenden Holzstoß und wärmten sich. Dann setzten sie sich nach kurzem Gruß auf die umliegenden Baumstämme. Es waren etwa fünfzig bärtige Männer, die zum Opfermahle erschienen waren. Als sich alle versammelt hatten, trat der Älteste der zuerst Angekommenen an den mit Runen gezierten Opferstein. Es war Hugbald, der Sippen- und Stammesälteste. Mit lauter, vernehmlicher Stimme hub er zu reden an: „Stammes- und Sippengenossen! Wir haben uns hier am ersten Tage der Wintersonnenwende zum heiligen Opfermahle versammelt, das wir den Göttern zu Ehren gemeinsam feiern wollen. Heute beginnt das Fest der geweihten Nächte, in denen der Wode durch die Lüfte zieht und seine Herrschaft ausübt. Dann müssen wir ihm die Menschen schuldige Ehrfurcht erweisen. Ich verkünde den Frieden der Götter. Bei ihrer Strafe darf kein Streit der Waffen entfacht werden. Heil den Göttern!" „Heil den Göttern!" wiederholten alle, indem sie an ihre Schilde schlugen. „Nun lasset uns zum Opfer schreiten."
Auf einen Wink führten zwei Männer das Tier herbei. Schnell wurde es geschlachtet und zerlegt, wobei Hugbald geheimnisvolle Sprüche murmelte. Große Fleischstücke wurden in einen Opferkessel geworfen, der über dem Opferstein hing. Das andere wurde auf den Holzstoß gelegt, um zu Ehren der Götter verbrannt zu werden. Während das Fleisch in dem Kessel brodelte, wurde ein weißes Tuch vor dem Opferstein ausgebreitet. Hugbald nahm einen Buchenzweig und zerschnitt ihn in kurze Buchenstäbe. Darauf ritzte er Runen ein und warf sie wahllos auf das Tuch. „Nun wollen wir den Willen der Götter erkunden", sprach er, indem er den Blick zum Himmel richtete. „Möge Wodan uns gnädig sein!" Dann hob er die Buchenstäbe auf und legte sie nebeneinander.

Lange und eingehend betrachtete er sie. Ein freudiges Glänzen ging über sein Gesicht. „Heil uns allen", rief er. „Die Götter sind uns gnädig. Sie nehmen unser Opfer an." Ein freudiges Gemurmel folgte aus den Reihen der Männer, und zustimmend klopften sie auf ihre Schilde. Dann setzte man sich zum Opfermahl. Jeder erhielt seinen Anteil und verzehrte ihn. Fröhlich kreiste die mit Met gefüllte Trinkschale. Hugbald aber erzählte während des Mahles von der Macht der Götter, von Wodan, der auf schnaubendem Rosse, begleitet von seinen zwei Raben und den Walküren, durch die Lüfte zieht, von der huldvollen Freia, von dem blondhaarigen Baldur, dem bösen Loki und dem starken Thor, der den Riesen Thrym bezwungen hatte. Alle hörten aufmerksam zu. Nach dem Mahle standen alle auf und stellten sich um den Opferstein. „Nun wollen wir den Göttern Dank sagen für ihre Huld", hub Hugbald vom neuen an. „Mögen sie unsere Äcker und unsere Herden segnen, unsere Frauen und Kinder vor Krankheiten und Unbill beschirmen. Lasset uns das Lob der Götter singen, wie unsere Väter in Wallhall immer getan haben." Alle erhoben ihre Speere und sprachen dem Sippenältesten folgende Worte nach:

Heil dem Hulden, unsern hehren Göttern!
Fünfhundert Tore sind in Wallhalls weitem Raum.
Achthundert Kämpfer kommen aus einem Tore,
wenn sie ausziehen, zu werfen den Wolf.
Einen Saal sehe ich stehen – die Sonne überstrahlt er -,
mit Gold gestickt auf Gimles Höhen:
Dort werden wohnen wallende Scharen
und Glück genießen, das nimmer vergeht.

Es war ein schönes Bild, vom Feuer des Opfers umloht. Als der Holzstoß langsam verglimmte und die Kälte der

Dezembernacht schneidend durch die Bäume fegte, sagte Hugbald: „Nun lasset uns heimkehren zu unsern Dörfern und Hütten, wo unsere Frauen und Kinder den Göttern zu Ehren die Gaben bereitet haben. Mögen die Asen uns gnädig bleiben und Unheil verhüten. Am ersten Tage des nächsten Vollmondes versammelt euch zum Volksding, damit wir die Gesetze des Waldes beraten und über die Waldfrevler richten. Heil den Göttern!" „Heil den Göttern!" erscholl es aus fünfzig Kehlen. Wieder wurden die Schilde geschlagen. Auf den selben Wegen, auf denen sie gekommen waren, kehrten die Bauern in ihre Dörfer zurück. Bald lag der Wald wieder ruhig und schweigend da.

*   *   *

Die Hexe auf dem Butterfass

Früh morgens, an einem sonnigen Sommertag, machte sich ein Tagelöhner auf den Weg zu seiner Arbeit. Er wollte auf seinem Landstück den Roggen mähen. Sein kleiner Acker lag in der Nähe des Plaggenackers mit den krausen Bäumchen darauf. Das Roggenfeld lag unmittelbar neben der vorbeiführenden Straße nach Rahm. Es war noch früh und der Tau überzog die Halme mit seinem feuchten Hauch. Der Tagelöhner setzte seine scharfe Sense an und konnte so in kurzer Zeit Schwaden für Schwaden des Gemähten hinlegen. Es sah aus, wie eine Welle, die gegen eine Böschung anbrandete. Bald schon hatte er die erste Reihe Roggen, direkt nebst der Straße, umgesenst. Als er sich am Ende des Feldrains umwandte, um in die andere Richtung die zweite Schwadenwelle niederzubringen, erblickte er zwischen den Roggenhalmen einen Gegenstand. Um zu sehen, was dort in seinem Felde lag, trat er an den Gegenstand heran. Verwundert blickte er auf ein Butterfass, so ein Butterfass, wie es die kleinen Kötter gebrauchten, um aus dem von der sauren Dickmilch abgeschöpften Rahm durch hurtiges und eifriges Drehen eines Flügelrades Butter zu gewinnen. Der Tagelöhner überlegte. Wer vermag wohl in seinem Roggen ein Butterfass zu verstecken? Er fand keine Antwort und kam aber sogleich zu dem Entschluss, das Fass für sich zu behalten. So ein Butterfass könne er recht wohl gebrauchen. Der Tagelöhner versteckte daraufhin das Fass unter dem geschnittenen Roggen und wollte es, wenn er mit der Feldarbeit fertig war, mit nach Hause nehmen.
Er machte sich wieder an die Arbeit. Kaum hatte er ein paar Meter des Roggens niedergelegt, da kam eine alte Frau daher. Sie zog humpelnd ein Bein hinter sich her.

Aufgeregt schauten ihre Augen am Feldrand hin und her, gerade so, als ob sie etwas suche. Dabei murmelte sie fortwährend: „Wo ist es denn? Wo ist es denn?" Als sie den Mann mit der Sense erreicht hatte, fragte sie ihn mit wohl ärgerlicher Stimme: „Hast du kein Butterfass gesehen?" Der Tagelöhner aber stellte sich unwissend. Schließlich konnte er das Butterfass gut gebrauchen und wollte es auch behalten. Darum log er: „Von einem Butterfass weiß ich nichts." Da machte die Alte ein böses Gesicht. Mit noch ärgerlicher Stimme sagte sie: „Mein lieber Mann, du arbeitest keinen Schlag mehr, wenn du mir nicht auf der Stelle sagst, wo das Butterfass steckt!" Diese Drohung tat der Tagelöhner ab. Als ob es ihn nichts anginge, setzte er seine Sense an, um mit der Arbeit fortzusetzen. Aber oh weh, plötzlich kam es über ihn. Seine Arme waren jäh steif geworden, wie gefrorenes Gehölz. Er konnte sie nicht einen Deut weit mehr bewegen. Jetzt bekam er es mit der Angst zu tun. Verunsichert blickte er die alte Frau an. In ihrem fragenden Gesicht sah er ein boshaftes Grinsen, aber er sah auch Wut. Schnell erzählte er der Alten, wo das Fass versteckt war.

Da sprang die Alte humpelnd auf die Stelle zu und schob den Roggen, der das Butterfass verbarg, zur Seite. Sie nahm das Fass, setzte sich darauf und – und flog mit ihm durch die Luft davon.

Ungläubig blickte der Tagelöhner hinter ihr her, solange, bis sie nicht mehr zu sehen war. Erst jetzt bemerkte er, dass er seine Arme wieder bewegen konnte. Während er sich wieder an die Arbeit machte, die nächste Schwadenwelle niederzubringen, war er von Nachdenklichkeit befallen. So entschloss er sich, von nun an ehrlicher zu sein.

*   *   *

Der geheime Gang

Im Oberhausener Stadtteil Holten steht heute noch das alte Kastell. Es ist der übrig gebliebene Ostflügel der, im sechzehnten Jahrhundert erneuerten Hauptburg. Das ursprüngliche Kastell war eine Grenzwehranlage, die der Graf Engelbert im Jahre 1307 anlegen ließ.

Doch bereits lange vorher, hat eine Trutzburg dort gestanden, die heute fast in Vergessenheit geraten ist. Diese Burg gehörte einem Mann, den die Bürger- und Bauernschaft als den Dunklen Grafen bezeichnete. Man sagte, er sei ein bösartiger und arglistiger Mensch, der gar mit dem Teufel persönlich verkehrte. Der Dunkle Graf sollte angeblich so verbittert sein, weil sein Großvater kurz vor seinem Tod alle wertvollen Dinge, die im Besitz der Grafenfamilie waren, an einem geheimen Ort verborgen haben soll. Der gesamte Familienschmuck, Gold und Silber, alles hatte er versteckt, damit die Erben, die sich zu seinen Lebzeiten zu wenig um ihn gekümmert hatten, nicht ein Stück davon abbekamen. Der Dunkle Graf hatte die Burg vom Dach bis in die Kellergewölbe durchsucht, aber das Versteck des Familienschatzes niemals gefunden. Natürlich hatte sich diese Geschichte auch im Volke herum gesprochen und so wusste fast jeder, warum der Graf so verbittert war.

Der Dunkle Graf hatte eine Tochter, deren Schönheit und Anmut weithin bekannt war. Allerdings verbot der Graf seiner Tochter, alleine die Burg zu verlassen. Nur ganz selten durfte sie in Begleitung einer Anstandsdame vor die Burg gehen, um durch den schönen Garten, der um das Gemäuer herum angelegt war, zu wandeln.

Nur etwa einen Kilometer von der Trutzburg entfernt, lag nach den alten Überlieferungen in südwestlicher Richtung, eine weitere Burg. Diese stand im heutigen

Duisburger Norden, etwa dort, wo sich heute die Reitanlagen an der Mühlbachstraße befinden. Wo die Burg genau gestanden hat, das weiß niemand mehr. Sie soll aber in direkter Nähe des Holtener Mühlbachs gelegen haben. Bis in den sechziger Jahren des zwanzigsten Jahrhunderts wurde dort noch eine rege Landwirtschaft betrieben und immer wieder wurden beim Pflügen dicke, gehauene Steine gefunden, die einst zum Mauerwerk der Burg gehört haben sollen.

Nach den alten Überlieferungen bewohnte diese Burg ein junger Edelmann, der das Gebäude von seinem Groß-vater geerbt hatte. Als der Edelmann eines Tages in die Kellergewölbe der Burg ging, um einen Wein zu holen, passierte ihm ein Missgeschick. Er kletterte auf eine Leiter, um eine Weinflasche aus dem obersten Wand-regal zu holen. Kaum hatte er die oberste Sprosse erreicht, kippte die Leiter um. Der Edelmann wollte sich am Regal festhalten, doch da löste es sich von der Wand und stürzte samt dem Edelmann um. Dem Mann war zwar nichts passiert, aber, oh weh, alle Flaschen waren zerborsten und der gute Wein ergoss sich über den Boden.

Da machte der Edelmann eine Entdeckung. In der Wand, an der das große Regal gestanden hatte, befand sich ein verborgener Gang. Neugierig geworden, wo dieser gewölbeartige Stollen wohl hinführt, nahm er sich eine Fackel von der Wand und folgte dem Gang. Bereits nach ein paar Metern führten steile Treppenstufen aus Stein in die Tiefe. Am Ende der Treppe verlief der Gang geradeaus weiter. Auf der linken Seite entdeckte er eine massive Holztür. Diese war verschlossen. Der junge Mann versuchte, durch ein kleines, vergittertes Fenster, welches in der Tür war, etwas vom Raum hinter der Tür zu erkennen, doch seine Fackel spendete zu wenig Licht.

Er glaubte, einige Truhen zu sehen, die an der Wand des Raumes gestapelt waren. Als er die Fackel vorsichtig durch das kleine Gitter schob, sah er vor einer der Kisten etwas Glänzendes auf dem Boden liegen. Es war ein großer, silberner Krug. Sofort dachte der Edelmann an den verschollenen Familienschatz des Dunklen Grafen. Sollte er etwa zufällig das Versteck gefunden haben? Er entschloss sich, erst einmal den Gang, in dem er stand, zu erkunden. So ging er weiter. Dem Edelmann war, als wolle der Stollen kein Ende nehmen. Nach einiger Zeit machte der Gang eine Biegung nach links. Dann, nachdem er eine ganze Weile gelaufen war, sah er ein schwaches Licht. Eine Treppe führte wieder nach oben und endete vor einer Mauer. Das Licht, was er gesehen hatte, fiel durch zwei senkrechte Mauerritzen. Sehr schnell merkte der Edelmann, dass sich der Stein, der zwischen den Ritzen war, herausziehen ließ. Nachdem er den Stein entfernt hatte, blickte er durch das entstandene Loch. Er glaubte seinen Augen nicht zu trauen. Vor ihm lag die Trutzburg des Dunklen Grafen. Der Edelmann konnte sie allerdings nur schemenhaft erkennen, da die Mauer, hinter der er sich befand, von dichtem Buschwerk überwuchert war. Er stellte fest, dass auch die anderen Steine des Gemäuers locker waren. So entfernte er so viele Steine, dass er das Gewölbe verlassen konnte. Nachdem er einige Schritte aus den dichten Büschen gemacht hatte, stand er im Garten vor der Burg. Natürlich wusste er, dass ihn keiner sehen durfte, denn der Dunkle Graf duldete keinen Menschen in der Nähe seines Anwesens.

Plötzlich hörte er Stimmen.

Der Edelmann versteckte sich eilig in den Büschen. Aus seinem Versteck heraus beobachtete er zwei Frauen, die einen Stoffball hin- und herwarfen. Die jüngere der

Frauen war wunderschön anzusehen. Es war die Tochter des Grafen. Da flog der Ball direkt in die Büsche, in denen der Edelmann sich versteckt hatte. Als die Tochter des Grafen die Äste beiseite schob, um den Stoffball zu suchen, erblickte sie den fremden Mann. Im ersten Moment erschrak sie, dann aber war sie von dem guten Aussehen des jungen Mannes aber sichtlich beeindruckt. Dieser wiederum war von der Schönheit der Frau vor ihm entzückt. Die Zwei blickten sich lange an. Sie sagten kein Wort, aber ihre Augen sprachen Bände. Beide hatten mit einem Mal ein merkwürdiges Gefühl, das Gefühl, einen Menschen gefunden zu haben, zu dem sie ein Leben lang gehören möchten.

Als die andere Frau auch zu den Büschen kam, um zu sehen, wo die Grafentochter so lange bleibt, hob diese schnell den Ball auf und lief zurück.

„Ich habe den Ball nicht sofort gefunden", sagte sie zu der Anstandsdame.

Dann spielten die Beiden weiter mit dem Stoffball. Der Edelmann beobachtete durch die Zweige fasziniert, wie die junge Frau mit der anderen Dame spielte.

Dann warf die Grafentochter den Ball absichtlich wieder in das Gebüsch. Erneut trat sie in das Versteck des Edelmannes. Die beiden jungen Menschen fühlten sich von einander magisch angezogen.

Als die Anstandsdame dieses Mal schneller kam, um nach dem rechten zu sehen, flüsterte die Tochter des Grafen dem Jüngling etwas zu:

„Ich werde morgen wieder hier sein, um die gleiche Zeit."

Dann verschwand sie. Der Edelmann konnte noch sehen, wie ihre weibliche Begleitung sie zum Tor der Burg führte. Er stieg wieder in den Gang und schob hinter sich die Steine zurück in das Mauerwerk. Dann ging er, den Gang folgend, in seine eigene Burg.

Als er am nächsten Tag erneut den geheimen Stollen benutzte, um zum Garten der Trutzburg zu gelangen, war er bereits sehr aufgeregt. Dieses Mal saß die hübsche Tochter des Grafen, zusammen mit ihrer Anstandsdame, auf einer Decke unmittelbar vor dem Gebüsch, hinter dem der Gang endete. Vorsichtig stieg der junge Mann aus dem geheimen Durchgang. Die Grafentochter schien ihn bemerkt zu haben, denn sie wies die Frau neben sich an, ihr etwas zu trinken zu holen. Kaum war diese verschwunden, trat der Edelmann aus dem Gebüsch. Er nahm die Hände der Schönheit und meinte:

„Ich möchte euch heiraten. Morgen werde ich bei eurem Vater vorsprechen und um eure Hand anhalten. Natürlich nur, wenn auch ihr mich wollt."

„Oh ja, Liebster, ich will euch."

Er zog sie an sich heran und küsste sie.

Erst als die Anstandsdame zu hören war, ließen sie voneinander ab. Er verschwand wieder in den Büschen und schritt durch den Stollen nach Hause.

Am nächsten Tag zog der junge Edelmann sein festlichstes Gewand an und ritt zur Trutzburg des Dunklen Grafen. Die Bediensteten gewährten dem prunkvoll gekleideten Jüngling Einlass und führten ihn zum Burgherren.

Der junge Freier konnte nicht wissen, dass der Graf seine Tochter abgöttisch liebte und dass er niemals bereit wäre, sie irgendeinem Mann zu geben.

Als der Edelmann vor den Grafen trat und um die Hand seiner Tochter anhielt, blickte der Angesprochene ihn zornig an.

„Gefällt euch meine Tochter?", fragte er.

„Oh ja Herr, eure Tochter ist das entzückendste Geschöpf, welches ich mir vorstellen kann. Ihre Schönheit und Anmut sind unvergleichlich."

„Wenn ihr meine Tochter bereits kennt, dann bedeutet das, dass ihr heimlich in meinen Garten eingedrungen seid. Ihr müsst euch wie ein gemeiner Dieb auf meinen Grund und Boden geschlichen haben. Einen solchen Menschen kann ich meiner Tochter nicht anvertrauen. Verlasst sofort meine Burg."

Der Edelmann war verzweifelt.

„Oh, bitte, edler Graf, ich habe euer Grundstück nur versehentlich betreten."

„Versehentlich? Und wie seid ihr an die Wachen vorbei gekommen, wenn ihr euch nicht herein geschlichen habt?"

Der Edelmann blieb die Antwort schuldig. Um den Dunklen Grafen zu überzeugen, sagte er:

„Außerdem möchte auch eure holde Tochter mich ehelichen."

Der Graf fuhr auf.

„Was sagt ihr da? Habt ihr euch etwa schon besprochen, ohne mich zu fragen?"

„Bitte, edler Herr, ich liebe eure Tochter. Ich würde alles für ihr Wohlergehen tun."

„Ich kenne euch. Ihr seid der Jüngling, der auf der Burg im Südwesten lebt, eine armselige Burg. Ihr seid nicht hinter meiner Tochter her, sondern hinter meinem Reichtum. Ihr seid nicht der erste, der sich so mein Hab und Gut erschleichen will. Ich werde die Wachen um meine Burg herum verstärken. Wenn ihr es trotzdem noch einmal wagt, hierher zu kommen, dann werdet ihr meine Rache spüren. Jetzt verlasst mein Anwesen, sonst werde ich euch von den Wachen hinauswerfen lassen."

Traurig und enttäuscht verließ der Edelmann die Trutzburg. Er ritt wieder nach Hause. Dort angekommen, begab er sich sofort wieder in den Geheimgang. Er schlich sich bis in den Garten der Trutzburg und wartete dort auf seine Angebetete.

Bald schon hatte er die Möglichkeit, ganz alleine mit ihr zu reden. Die Anstandsdame war nicht mit in den Garten gekommen, da der Graf seine Wachen verstärkt hatte und sich so sicher war, dass niemand mehr den Garten unbemerkt betreten konnte.

Die beiden Liebenden küssten sich und konnten nicht mehr von einander ablassen. Da fasste die Grafentochter den Entschluss, den Edelmann zu seiner Burg zu folgen. Während der Edelmann im Gebüsch vor dem Geheimgang auf sie wartete, ging seine Geliebte noch einmal zurück in die väterliche Burg, um einige Sachen zu holen. Schließlich kam sie mit einem Bündel zurück. Um den Hals trug sie zwei schwere Goldketten, die mit edelsten Steinen besetzt waren. Es war der Schmuck ihrer verstorbenen Mutter, den sie nicht zurück lassen wollte.

Die Grafentochter stieg zuerst in den Geheimgang. Als der Edelmann ihr folgen wollte, rief eine Stimme:

„Die Wachen zu mir. Der Kerl ist wieder da. Er hat sich im Buschwerk versteckt."

Es war die Stimme des Dunklen Grafen.

Der Edelmann sprang in den Stollen und führte seine Geliebte ein ganzes Stück in den Gang hinein. Dort wartete er ab, ob die Wachen den Eingang entdeckt hatten. Das Einzige, was er nach einiger Zeit hörte, waren dumpfe Hammerschläge. Dann hörte es sich so an, als stürze der Stollen hinter ihnen ein. Als es nach geraumer Zeit wieder still war, gingen die zwei Verliebten zurück. Der Gang endete vor einem Geröllhaufen. Die Wachen des Grafen hatten tatsächlich den Gang mit schweren Gesteinsblöcken zugeschüttet. Von der Treppe war nichts mehr zu sehen. Nun war der Weg zur Trutzburg versperrt.

„Was sollen wir jetzt tun, Geliebter?", fragte die schöne Grafentochter.

„Der Gang führt direkt in meine Burg. Dort werden wir ein glückliches Leben führen."

Als der Edelmann das ängstliche Gesicht seiner Geliebten sah, legte er seine Fackel zur Seite und küsste sie. Wieder konnten sie nicht von einander ablassen und liebten sich.

Während die Beiden sich in dem Stollen eng umschlangen, beschloss der Dunkle Graf, sich an den Jüngling fürchterlich zu rächen. Der Graf ritt mit seinen Männern zur Burg des Edelmanns. Dann ließ er ein Feuer an die Burg legen und bald stand das ganze Gebäude in Flammen. Bereits nach kurzer Zeit stürzte das Dach ein und wenig später fielen auch die Burgmauern in sich zusammen.

Die zwei Liebenden im Stollen ahnten noch nicht, was der Graf getan hatte und machten sich bald wieder auf den Weg zur Burg.

Sie hatten das Ende des Stollens noch nicht ganz erreicht, da kam ihnen Rauch entgegen. Der Edelmann wies die Grafentochter an, zu warten. Er ging alleine weiter, um zu sehen, was passiert war. Erschrocken stellte er fest, dass das Kellergewölbe seiner Burg eingestürzt war. Dichter Qualm brannte in seinen Augen. Als er ein lautes Rumpeln hörte, rannte er in den Gang zurück. Er schaffte es gerade noch, denn hinter ihm stürzte die Burg zusammen. Nun war auch der zweite Ausgang des Stollens für immer blockiert.

Jetzt war ihm bewusst, dass er bald schon hier im Geheimgang sein Leben beenden würde. Nun fiel sein Blick auf die verschlossene Türe, hinter der er den

Familienschatz des Grafen vermutete. Neue Hoffnung stieg in ihm auf. Vielleicht gab es ja einen zweiten Gang, der aus diesem Raum hinaus führte. Verzweifelt versuchte er, die schwere Holztüre zu öffnen. Doch, sosehr er sich auch dagegen stemmte, die Tür mit dem kleinen, vergitterten Fenster hielt all seinen Bemühungen stand.

Er begab sich zurück zu seiner Geliebten und erklärte ihr die Situation. Diese zeigte keine Angst und gab ihm zu verstehen, dass es schöner ist, in den Armen ihres Geliebten zu sterben, als unter der Herrschaft ihres bösen Vaters.

Als der Dunkle Graf in seine Trutzburg zurück kam und feststellte, dass seine geliebte Tochter verschwunden war, glaubte er, der Edelmann hatte sie in seine Burg entführt. Der Graf war verzweifelt. Er selbst hatte die Burg des Edelmannes niederbrennen lassen. Er selbst hatte so seine geliebte Tochter umgebracht. Der Graf konnte ja nicht ahnen, dass sie noch lebte, aber dennoch zum Tode verurteilt war, da der Geheimgang ihr und dem Edelmann zur Falle geworden war. Um seinen Kummer zu vergessen, trank der Graf aus Verzweiflung viel Wein. Als er so sehr betrunken war, dass ihm schon fast die Sinne schwanden, griff er zu einer Fackel und zündete die eigene Burg an, um seine Sünde zu sühnen. Als das Gemäuer der Hitze der Flammen nicht mehr gewachsen war und einstürzte, da war der Dunkle Graf schon tot. Er war am Rauch erstickt.

Diese Geschichte vom Dunklen Grafen wurde über Generationen immer weiter erzählt. Sie war auch schon fast vergessen, bis zwei Jungen, die nie etwas von dieser Geschichte gehört hatten, in Fahrn eine merkwürdige Entdeckung machten. Es war im Oktober 1944. Es war Krieg und britische Kampfbomber hatten nachts einen

Angriff auf die Ruhrchemie im benachbarten Holten geflogen. Die Engländer hatten erfahren, dass dort Benzin nach einem ganz besonderen Verfahren hergestellt wurde. Das wollten sie natürlich unterbinden. Die gesamte Gegend wurde von Sprengbomben durchlöchert. Am Morgen nach diesem fürchterlichen Bombenangriff kletterten die zwei besagten Jungen in einen der vielen Bombenkrater, die sich auf einem Feld, ganz in der Nähe zum Mattlerhof, befanden. Sie hofften, dort ein paar besonders große Bombensplitter zu finden. Da entdeckten sie einen breiten Spalt, der tiefer in die Erde führte. Die Jungen stiegen in diesen Spalt ein und standen plötzlich in einem gewölbeartigen Gang. Einer der Jungen kramte in seiner Hosentasche und holte dort einen Kerzenstummel und Zündhölzer heraus. Die Kerze spendete genug Licht, um dem Gang folgen zu können. Sie waren gerade ein paar Meter vorgedrungen, da machte sie eine schreckliche Entdeckung. Vor ihnen lagen zwei menschliche Skelette. Das eine davon trug zwei schwere Goldketten um den Hals. Als einer der Jungen sich vorsichtig den Skeletten näherte, um die goldenen Ketten an sich zu nehmen, stolperte er und fiel auf die Gebeine. Diese zerbrachen unter seinem Gewicht. Einer der Schädel rollte dem Jungen direkt vor die Augen und er hatte das Gefühl, als blickten ihn die toten Augenhöhlen drohend an. Der Junge bekam fürchterliche Angst, sprang auf und lief schreiend weg. Der andere Junge folgte ihm. Als die zwei diese Geschichte zu Hause erzählten, glaubte ihnen niemand. Ihre Eltern verboten ihnen, noch einmal dort hinzugehen. Denn dort, wo Bombentrichter waren, könnten auch noch gefährliche Blindgänger liegen. Als einer der Jungen Monate später seinem Großvater von dem Gang und den beiden Skeletten erzählte, fiel diesem sofort die alte

Geschichte von Dunklen Grafen ein, die er selbst von seiner Großmutter immer gehört hatte. Der Opa wies seinen Enkel sofort an, ihm den Bombenkrater zu zeigen. Die Goldketten würden in der schweren Zeit, in der es nur sehr wenig zu essen gab, sehr hilfreich sein. Doch als die Beiden vor dem Feld standen, waren alle Bombentrichter verschwunden. Der Bauer hatte das gesamte Feld bereits gepflügt und alle Bombenkrater waren längst wieder zugeschüttet worden. Der Großvater fragte den Jungen, ob er denn noch die Stelle wiederfinden würde, an der dieser Krater war. Doch so sehr sich sein Neffe auch anstrengte, er konnte sich nicht mehr genau erinnern. Er wusste nur noch, dass es der Nähe des Mattierhofs gewesen war. Auch als man den anderen Jungen, der ebenfalls in diesem Gang geklettert war, herbei holte, fanden sie die Stelle nicht wieder. Enttäuscht gingen die beiden Jungen mit dem Großvater wieder nach Hause. Diese Geschichte sprach sich schnell herum und nachts schlichen sich immer wieder einige Leute auf das Feld, um nach dem verschütteten Stollen zu graben. Jeder hoffte, den verborgenen Schatz zu finden. Doch die Suche nach dem Stollen blieb erfolglos. So gaben die Leute schließlich auf.
Wahrscheinlich befindet sich auch heute noch irgendwo zwischen Holten und Fahrn tief unter der Erde ein Gang, in dem zwei vergessene Skelette liegen, von denen eines zwei wertvolle, mit edelsten Steinen besetzte Goldketten bei sich trägt. Und vielleicht gibt es auch diesen geheimnisvollen Raum, in dem der Familienschatz des Dunklen Grafen verborgen ist. Man hat nie wieder nach dem Geheimgang gesucht.

*   *   *

Die weiße Frau auf dem Atropshof

Vor vielen Jahren, als die Römer mit ihren Legionärstruppen unseren Landstrich erreicht hatten, versuchten diese, die hier lebenden heidnischen Germanen vom Christentum zu überzeugen.

Einer der römischen Priester galt als besonders eifrig. Als er vernahm, dass im Mündungsbereich der Emscher in den Rhein ein germanischer Volksstamm lebte, den es noch zu bekehren galt, nahm er all seinen Mut zusammen und überquerte in einem alten Kahn den Rhein. Der mutige Priester hatte schon allerlei Erfahrung mit den heidnischen Bewohnern des Landstriches. Gegenüber der Ruhrmündung lag die römische Festung Asciburgium. Von dort aus war er bereits erfolgreich durch die Lande gezogen und hatte den Heiden das Christentum gepredigt. Er fand immer wieder Mittel, die Germanen zu überreden, ihren alten Glauben fallen zu lassen. Das verdankte er auch seinen guten Sprachkenntnissen.

So traf er denn auf die immer noch heidnischen Volksstämme, die im unteren Emscherbereich lebten. Die Germanischen Gehöfte waren überall verstreut und die Bewohner trafen sich regelmäßig, um ihren alten Göttern zu huldigen. Nach und nach schaffte er es, auch hier den Christenglauben zu verbreiten.

Germanisches Gehöft.

Dort lebte auch eine ältere Frau namens Sigune. Sie gehörte zu den Ersten, die sich zum Christentum bekannten. Obwohl Sigune eine hochangesehene Priesterin in ihrem Stamm war und bisher die germanischen Götter verehrte, war sie begeistert von der Lehre, die der römische Priester predigte. Um so mehr schmerzte es sie, dass ihre eigene und einzige Tochter Borghilda von dem Christentum nichts wissen wollte. Sie schimpfe über die Römer und deren Gott. Alle Versuche des römischen Priesters, Borghilda mit sanften Worten von der Größe und Gutherzigkeit des Christlichen Gottes zu überzeugen, schlugen fehl. Auch ihrer Mutter Sigune gelang es nicht, die Tochter zu beeinflussen. Borghilda lehnte das Christentum ab und hielt an dem alten Glauben fest.

Das machte Sigune traurig. Ihre Tochter machte ihr schwere Vorwürfe: „Ich kann Deinen Sinneswandel nicht verstehen, Mutter. Du warst eine Priesterin unseres Glaubens und unser Stamm hat dich hochverehrt. Auch wenn du unsere Götter treulos verstoßen hast, so werde ich doch weiterhin an sie glauben. Den Gott der Christen hasse ich." Diese Worte der eigenen Tochter machten Sigune noch trauriger. Dennoch gab sie es nicht auf, der Tochter ihren neuen Gott nahe zu bringen, auch wenn es hoffnungslos erschien.

Der römische Priester, der seinen großen Mut schon oft bewiesen hatte, wollte nun, da viele Heiden bereits bekehrt waren, ein Zeichen setzen. In der Nähe des Hohenborns stand ein mächtiger Baum. Dieser Baum galt den heidnischen Germanen als heilig. Dem alten Glauben nach war der Baum das Symbol der Weltachse. Der Baum gehörte den Göttern. Im heidnischen Glauben hieß es, dass der Baum dafür Sorge traf, dass die Quelle des Flusses niemals versiegt und so die Wasserversorgung des Stammes gewährleistet war. Sollte der mächtige Baum aber sterben, so würde kein reines Wasser mehr aus der Quelle sprudeln.

Um den Germanen zu beweisen, dass ihr alter Glaube falsch war, nahm der römische Priester am Tage der Sonnenwende eine Axt und fällte den heiligen Baum.

Alle Germanen, die sich des neuen Glaubens noch nicht so ganz sicher waren, blickten voller Angst drein, als der mächtige Baum fiel. Da aber nichts geschah, waren sie endgültig von dem Christenglauben überzeugt.

Nun hoffte auch Sigune, dass ihre Tochter bekehrt war. Sie sagte zu ihr: „Nun, meine Tochter, Du warst zugegen, als der heilige Baum, unsere Weltachse, mit lautem Krachen umstürzte. Der Quell aber sprudelt weiter und beschert uns wie immer reines Wasser. Weder den Priester, der die Axt anlegte, noch uns Christen hat der Fluch der alten Götter getroffen. Jetzt musst auch du an den Christengott glauben."

Borghilda aber blickte ihre Mutter nur böse an. Schweigend wandte sie sich ab. Schließlich verließ sie wortlos den Stamm. Nicht ein Abschiedsgruß kam über ihre Lippen. Erfüllt von einer tiefen Traurigkeit, blickte die Mutter ihrer einzigen Tochter hinterher.

Borghilda glühte vor Hass gegenüber den Römern. Sie verfluchte die Eindringlinge, die den alten Glauben zersetzten. Der Glaube an die germanischen Götter wurde aber immer fester in ihr. Sie betete zu Wotan und Thor, ihr beizustehen. So hüllte sich Borghilda in ein langes, weißes Gewand und zog von Dorf zu Dorf und von Stamm zu Stamm, um den alten Götterglauben zu verkündigen. Doch egal, wohin sie auch kam, die Missionare der christlichen Römer waren schon vor ihr da gewesen und hatten ihren Glauben erfolgreich verbreitet. Keiner wollte mehr an die alten Götter glauben. Es schien, als wäre sie die einzige, die noch dem alten Glauben zugetan war.

So entschloss sie sich, in ihre Heimat zurück zu kehren. Verzweifelt betrat sie das Haus ihrer Mutter. Als sie eintrat, schrieb sie mit Runenzeichen einen Zauberspruch in die Luft. Dann sackte sie kraftlos zusammen. Sofort eilte ihre alte Mutter herbei. Sie nahm die Tochter in den Arm und strich ihr zärtlich durchs Gesicht.

„Oh, Mutter", hauchte Borghilda, „Sollten wirklich alle alten Götter in unserem Land gestoben sein? Sind die Götter wirklich alle tot?"

Sigune blickte mitleidig und sorgenvoll in das blasse Gesicht ihrer Tochter. „Oh, meine geliebte Tochter, die Götter sind nicht gestorben. Sie konnten nicht sterben, weil sie niemals gelebt haben. Der Glaube an sie war nichts anderes, als ein dunkler, leerer Wahn."

Traurig blickte die Mutter die Tochter an, wie sie mit ihrem langen, weißen Kleid in ihren Armen lag. Dann hörte das Herz der Tochter auf, zu schlagen. Ihr Lebenslicht war erloschen. Doch als die Seele ihren Körper verließ, wusste sie nicht, wohin, denn Borghilda hatte mit dem Tode auch den letzten Glauben verloren.

Genau an der Stelle, wo Borghildas Elterhaus gestanden hatte, entstand der Atropshof. Man sagt, dass die einsame Seele der Weißen Frau immer noch regelmäßig dort umherirrt und manchmal kann man ihr leises, trauriges Jammern hören.

*   *   *

Weg mit Schaden

Die ist die Geschichte vom mutigen Bürgermeister Schommert. Es ist der Originaltext, so, wie er in verschnörkelter Schrift in den alten Büchern zu lesen ist:

„Weg mit Schaden!", pflegte in alter Zeit der Duisburger Bürgermeister Schommert zu sagen, wenn es genötigt wurde, eine bittere Nuss zu schlucken. Da seine Amtszeit in Duisburg in die stürmische Zeit des 30jährigen Krieges fiel, als Spanier und Niederländer, hie Katholik, hie Protestant, sich um die Städte und Festen am Niederrhein rauften, wie die Jungen um einen Spielball, so gab es der bitteren Nüsse für den Duisburger Rat und seinen Bürgermeister vollauf und genug. 1629 waren die Niederländer mit List und Schnelle in die Schlüssel-festung des Niederrheins, in Wesel, eingefallen und hatten den Spaniern dort großen Kehraus bereitet. Bis über die Ruhr fegte der Niederländische Besen den Spanierdreck und legte in Duisburg eine Besatzung niederländischer Kriegsknechte. Die Duisburger nickten dazu mit den Köpfen, denn die Spanier waren ihnen bis dahin harte Zucht- und Lehrmeister gewesen und noch bessere Kostgänger und Zecher.
„Weg mit Schaden!" sagte der Bürgermeister Schommert, als sich das südliche Stadttor hinter den letzten marodierenden Spaniern hohnlachend und knarrend schloss. „Weg mit Schaden!" sagte er einige Tage später wieder, als die erste hohe Kriegsrechnung der neuen niederländischen Besatzung von ihm zur Zahlung mit Namensunterschrift und Siegel versehen wurde. Weg-geworfenes Geld! Denn die kleine niederländische Be-satzung war dem Stadtsäckel eine große Beschwernis, der Stadtsicherheit und mehr noch dem umstreifendem

Raubgesindel im Wald und Heide zwischen Lippe und Ruhr ein Nichts.

Allnächtlich standen Feuersignale weit hinten in der Heide. Allnächtlich sprang Zigeunergesindel und verlaufenes Kriegsvolk in trunkener Luft um brennende Hütten oder hochflackernde Lagerfeuer. Allnächtlich scholl wie ein Todesschrei das Leid und Weh der gepeinigten Bevölkerung gen Himmel. Der Krieg störte sich nicht daran, schritt mit ehernen Schritten von der Ruhr zur Lippe, von der Lippe zur Ruhr, leerte die letzten Schüsseln, schröpfte die Taschen der Bauern und zertrat erbarmungslos junges wie altes Leben.

„Weg mit Schaden!" sagte der Bürgermeister Schommert am 20. März 1631, als er sich entschloss, von Duisburg nach Wesel zum niederländischen Landtag zu reiten, um dort die Quartiergelder für die niederländische Besatzung in Empfang zu nehmen. Männiglich mag daraus ersehen, dass es dem Bürgermeister nicht an Mut gebrach; denn der weite Weg durch die Heide war mit Unterschlüpfen besäumt und von Raubgesindel belauert. Nun muss aber gesagt werden, dass im Duisburger Stadtrat in dieser Versammlung gar viele mutige Männer saßen; die Carstanjen, Bönninger, Müller, Schneider, Schuster und Greifenkotten beteuerten übereinstimmend und feierlich, dass sie in Anbetracht der Wichtigkeit des Auftrages – es galt ja Geld hereinzubringen – der Gefährlichkeit des Weges und der Wertschätzung ihres Bürgermeisters, am 2. April, morgens 8 Uhr, am Kuhtor beritten sich einfinden würden, dem Schommert das Geleit zu geben. Zaghaft stellet der besagte Morgen, aus schweren Nebelvorhängen sich entwindend, seinen Fuß auf Duisburger Grund. Erstaunt schaute er am Kuhtor drei Berittenen ins Gesicht, dem dicken Bürgermeister und zwei Helfern, die Schommert der Vorsicht halber selber bestellt hatte. Der eine war sein Rentmeister Siegmund Löwe und der andere sein Leibdiener Harras Kühn. Da saßen sie auf dem breiten Rücken ihrer Pferde, schwiegen, froren, zitterten und – lachten. Bald glaubten sie, aus Bönninger Gegend Pferdegetrappel zu hören, aber es erwies sich als Trug. Bald vermeinten sie aus Carstanjens Straße heraus Pferde anlaufen zu sehen, aber es waren die Esel der Milchtreiber. Bald wieder hören sie ein fröhliches Gewieher und vermuteten den Greifenkotten und Müller, aber es waren Mähren auf dem Weg zum Schinder. Nach einer Stunde peinlichen Wartens schrie der Schommert die Torwächter an, endlich die Tore zu öffnen. „Weg mit Schaden!" sagte der Bürgermeister und fuchtelte dazu mit seiner Reitgerte, als die Tore sich knarrend wieder schlossen. Hei, stoben die Rosse dahin. Bis der griesgrämige Heideweg, so nach Holten führt, die Reiter aufnahm. Langsam ging der Trott. Das Brombeer-geranke, die Fichtendickungen zu beiden Seiten, sie schauten mit tückischen Augen die einsamen Reiter an. Plötzlich zerschnitt ein Schuss die Morgenstille. Hoch bäumten sich die Rosse auf und galoppierten wie besessen in die Heide hinein. Aus einem Fichtengehölz fern rechts trat ein roter Schnapphahn mit rauchender Muskete heraus und schwang drohend die Gabel hinter den flüchtigen Reitern her: „Verflucht, der Schuss ging fehl! Nicht einer von den Pferdesäcken kam zur Strecke!" Die aber ritten klopfenden Herzens auf Meiderich zu. Bürgermeister Schommert dachte mit stiller Sehnsucht an seinen ruhigen Schreibsessel in der Duisburger Bürgermeisterstube. Rentmeister Löwe, der sonst seinem Glauben abgesagt hatte, stieß mit den bockenden Bewegungen seines Gaules ein über das andere Mal ein sonst längst vergessenes „Jesus, Maria und Joseph" hervor, und der wackere Leibdiener Kühn beugte sich tief auf den Hals des Pferdes, umschlang ihn, verlor dabei sein Barett und stierte angstvoll in die Gegend, woher der Schuss gekommen war. „Weg mit Schaden!" sagte Bürgermeister Schommert, nahm sein Ross in den Zügel und bestrich klatschend den treuen Diener Harras mit seiner Gerte. Da wurde der Lauf der Tiere wieder geregelt. Als die Emscher überschritten war, gähnte die weite Heide unsere drei tapferen Reiter verschlafen an und reckte die Arme ins Weite. Plötzlich stutzte der Bürgermeister, der voraus ritt. Drei einsam stehende Birken grüßten ihn aus der Heide heraus. Sie hatten sich wie zur Verbeugung vornüber geneigt und präsentierten eine jede ein langgestrecktes schwarzes Bündel. Gestreckt, verrenkt, verzerrt – bei Gott, das waren nackte Menschenleiber! Sie schaukelten im Winde gleichmütig den Rhythmus des Todes. Da schrie der tapfere Leibdiener Harras Kühn laut auf. Mit seinem Schrei erhob sich ein Schwarm von Krähen, die mit unzufriedenen Schelten und Rufen abstrichen und von Ferne her den hastigen Weiterritt der Duisburger verfolgten.

„Das waren wohl Spanier?" flüsterte heiser Harras Kühn.

„Ob Spanier, ob Staatliche, ob Zigeuner oder Ligisten", gab der Löwe zurück, „es waren Lumpen, sonst wären sie nicht gehängt worden!"

Da tat Bürgermeister Schommert mit seiner Gerte einen pfeifenden Schlag. „Weg mit Schaden!" sagte er, „auch sie sind einer Mutter Kind!"

So kamen sie nach zweistündigem Ritt die kreuz und die quer in das feste Holten, wo sie die Nacht in Sorge um den kommenden Reisetag zubrachten. Ein Wegweiser, ein handfester Mann, war zwar bestellt. Als er des morgens nicht kam, wiegte der Holtener Bürgermeister bedenklich den Kopf: „Wenn unser Hinkels Anton nicht kommt, so steht es schlimm draußen. Hat man ihm nächtlicherweise den roten Hahn aufs Dach gesetzt? Kann er nicht durchkommen zu uns? Wer kann das sagen im Blut- und Mordgeruch unserer Tage?" Da erbot sich der Büttel von Holten zur Führung der Duisburger Herren. Zwar bis Wesel hinauf – das sagte er von Vornherein – getraue er sich nicht zu führen, nur bis Dinslaken wolle er es versuchen, und dafür müsse er einen „Dahler und fünfzig Albus" haben, denn die Gefahr sie war groß, und er habe Weib und Kinder. Da ergrimmte der Löwe und meinte, das sei doch ein wahres Sündengeld. Er begann einen Handel als wie ein Weib auf dem Markte und zog Pfennig um Pfennig von dem Führerlohn ab. Zuerst bremste der Büttel wenig, so dass der Rentmeister mit Freudenschmunzeln schon guten Abstieg wahrnahm. Dann aber zog der Büttel die Bremse an, wobei der Verdruss dem Rentmeister glühend ins faltige Ziffergesicht stieg, und zuletzt gab der Holtener sich einen Ruck, dass der Abzug bei einem Dahler und sechsundzwanzig Albus stillstand, um trotz allen Scheltens und Drückens und Zerrens der Duisburger Herren auch nicht um einen Weißpfennig mehr vom Fleck zu rücken. „Weg mit Schaden!" sagte der Bürgermeister und reichte dem Büttel im Voraus den Führerlohn.

Bald trabte der Viererzug an den alten Landrücken heran, der das Barmingholt umschloss. O weh, wie sahen die Landwehrzüge aus! Feuer, Axt und Kriegswut hatten in dem Gebücke gehaust und es streckenweise ganz vernichtet. Die Wegeschranken waren verbrand und unbewacht. Bürgermeister Schommert konnte sich nicht enthalten, von der Seite her einen der höchsten der Landwehrwälle mit dem Pferde zu besteigen, um Ausschau zu halten. Weithin reichte sein Blick, gen Osten bis zum Waldhuk, gen Westen bis an das Holz des

Hauses Watereck. Misstrauischen Auges betrachtete Harras Kühn das Besinnen seinen Herren. Er stand ja doch weithin sichtbar auf einsamer Höhe. Wenn ihn die Schnapphähne sahen, die etwa drüben im Gehölz lagen? Wenn wieder ein Schuss die Reitenden bestrich? Wahrhaftig, der Bürgermeister sollte sein wertvoll Leben und das seiner Diener nicht so der Gefahr aussetzen.

In diesem Augenblicke erhob Schommert in plötzlicher Erregung die Hand und beschattete die Augen. Wenn ihn nicht alles trügte, löste sich vom fernen Waldhuk ein Trupp Reiter in wildem Jagen. Ob die ihn gesehen hatten? Wie dem auch sei, Schommert setze in einem Sprung auf den Weg hinunter und spornte sein Pferd zu schnellem Lauf. Sein Diener Kühn knurrte grimmig: „Da haben wir das Unglück! Das nennt sich Herrenfürsorge! Hetzt einem da die Mordbrenner freventlich auf den Hals!" Jach schnitt ein Pistolenschuss mit donnerndem Gepolter in die Gedanken der Reiter hinein. Der Schuss kam nicht aus der Richtung der fernen Reiter, der kam gar vom Westen! Waren sie etwa eingekreist? Dumpfer Hufschlag rollte vom Barmingholt jenseits der Landwehr heran und begleitete den eiligen Ritt der Duisburger Herren. Die ritten nun für ihr Leben, als Letzter Harras Kühn, der schon das Messer seines Schnapphahns am Halse fühlte. Der Holtener Büttel aber war seines Weges sicher. Wie zwei Wiesel liefen seine Augen um und um. Schon winkten die Türme des Klosters in Hiesfeld, da wies er links seitwärts in den Busch, auf einen gedeckten Durchgang der Landwehr zu und – in eben diesem Augenblicke tauchte der Reitertrupp diesseits der Hiesfelder Landwehr auf. Schüsse krachten und mischten sich mit dem gellenden Ruf einer Trompete, dass Harras meinte, es tönte die Posaune des jüngsten Gerichtes. In wildem Ritt stoben sie die Straße hinunter auf die fernen blinkenden Türme von Dinslaken zu, hinter ihnen her mit Fluchen, Schreien und Schießen der Trupp des Gesindels, das nach ihren Pferden, Kollern und Geldbatzen lechzte mehr noch nach ihrem Blut.

Es war ein Glück, dass der Holtener Fron dem Torwächter von Dinslaken bekannt war, sonst hätte Gevatter Tod den tapferen Duisburger Reitern just vor dem rettenden Tore noch seine Schlingen gelegt. So aber konnten sie ohne Säumen die schnell geöffneten Pforten durchreiten und sahen sich in Sicherheit, als das Gesindel vor der Umwallung der Stadt seine Wut über den entgangenen Fang mit Fluch und Schimpf und wüstem Waffengeklirr noch spielen ließ. Die Duisburger Herren hatten noch Muße, beim Gerichtsschreiber von Dinslaken, der ihnen gern Quartier bereitete, ihrer Angst ein gemütliches Lager zu bereiten und ihrem Mute Stunden der Auferstehung zu gönnen. Sie ließen dessen auch nicht ermangeln und aßen und tranken, dass den Dinslakenern die Augen überliefen und sie sich batz verwunderten, wie die drei Reiter einer so starken Stadt wie Duisburg über die Maßen tollkühn die Reihen der Speisen und Getränke angriffen, die Dinslakener Gastfreundschaft ihnen aufgefahren. Am Spätnachmittag war den Duisburgern des Herzens Tapferkeit wieder so weit zugewachsen, dass sie versuchten, durch das Nordtor von Dinslaken nach Wesel den Ritt fortzusetzen. Kaum aber hatten sie sich dem Kloster Eppinghoven genähert und sahen schon die Türmchen von Haus Wohnung leuchten, als wie ein wütender Drache ihnen ein Trupp des Heidegesindels entgegenschnob. Obwohl die fremden Reiter ihnen schon von weitem spanisch, holländisch und französisch „Freundschaft!" und „Passieren!" zuriefen, versahen sich die Duisburger Herren nichts Gutes, wandten im vollen Lauf ihre Pferde auf der Hinterhand und fielen durch das Westtor wieder in Dinslaken hinein wie verängstigte Schafe vor dem Wolfe. Was blieb da anders übrig, als die Dinslakener Gastfreundschaft erneut und ausgiebig bis zum anderen Morgen in Anspruch zu nehmen, in der Hoffnung, dass das Heidegesindel sich dann verlaufen habe.

Mit trüben Mienen starrten die Herren in den neuen Morgen hinein. Bürgermeister Schommert ließ den Schnauzbart noch tiefer hängen, als ihnen die Dinslakener geschäftig die Rechnung über genossene Gastfreundschaft präsentierten. 6 Dahler und 26 Albus hatten sie dem Dinslakener Stadtsäckel zu vermachen, bevor man sie wieder in die Heide mit ihren Gefahren hinausließ. „Weg mit Schaden!", sagte der Bürgermeister Schommert, als ihm die stattliche Summe aus der Hand glitt und nahm sich vor, demnächst die Dinslakener in gleicher Weise zu schröpfen, wenn sie einmal wieder bei den Duisburgern hilfeheischend vorsprechen sollten.

Auf eigene Faust ging der Trott durch Heide und Bruch, vorüber an Haus Wohnung und Schloss Voerde auf Wesel zu. Sie ritten in das Bruchgebiet westlich von Mantrup ein. Zu ihrer Linken erhob sich ein schier unüberwindlicher Landwehrzug, aus dem Schritt für Schritt Gefahren und Drohungen aus Gebüsch und Gebücke sie anstarrten. Kiebitze stießen mit gellendem Schrei vor ihren Füßen auf. Kaninchen kollerten rudelweise über den Weg in ihre Burgen an der Landwehr hinein, und fern schnürten gar ein paar Füchse an einem Fichtengebüsch vorbei. Sonst war nichts zu sehen. Die Herzen der Duisburger Herren wiegten sich in süßer Ruhe, und Harras Kühn, der tapfere Diener, erwog schon, ob er sich am Abend in der Weseler Taverne „Zum pläsanten Hud" oder „Zum verlorenen Pepersack" verlustieren solle, als sie an den Durchgang der

Landwehr kamen und misstrauischen Auges den engen Durchgang passierten. Schon wollte der Bürgermeister jubilieren, da er vor sich die Lippe und in der Ferne den leuchtenden Turm der Weseler Mathenakirche winken sah, als mit „Bassa manelka!" und „Caramba!" eine Reihe bis an die Zähne bewaffneter Zigeuner vor ihnen wie aus dem Boden gewachsen aufstieg und ihrem Ritt Einhalt gebot. Da schickten der Löwe und der kühne Harras ihre Blicke hilfesuchend zurück, senkten die erhobenen Augen aber züchtig, denn auch hinter ihnen stand wie durch einen Zauber eine zähnefletschende Rotte wölfischer Wegelagerer. Hier half keine Tapferkeit, hier half keine Diplomatie und keine Politik, hier konnte nur der Geldbeutel Wirkungen auslösen. Vier Taler Wege- geld forderte lachend der Hauptschnapphahn für jeden Kopf und fuchtelte dabei mit zwei gezückten Pistolen mordgierigen Auges vor dem blassen Bürgermeister in der Luft, dass dieser schnell seinem Rentmeister winkte, das Lösegeld zu zahlen, im Herzen froh, so billigen Kaufes die Haut gerettet zu haben. Da aber zeigte sich die Macht des Rechenstiftes, mit dem der Rentmeister sonst so tapfer Tag für Tag zu fechten wusste. Er verlegte sich aufs Feilschen und handelte in einem drolligen Gemisch von Duisburger Platt, wallonischem Französisch und blinkendem Deutsch mannhaft Münze für Münze, dass sich der Schnapphahn schließlich zufrieden gab, neun klevische Taler zugeworfen zu erhalten. Zwar hätte gerne angesichts der rentmeisterlichen Geldkatze, aus welcher der Löwe ihm den Wegestüber zuwog, das Lösegeld um ein Be- trächtliches erhöht, wenn nicht gerade ein Fähnlein staatlicher Reiter, durch die Lippe watend, den Weg heraufgekommen wäre. So aber raffte er hastig das Geld zusammen und folgte mit einem ellenlangen Fluch seinen Kumpanen, die schon eiliger als die Kaninchen auf dem Heideweg sich jenseits der Landwehr in Sicherheit gebracht hatten. „Weg mit Schaden!", sagte der Bürgermeister Schommert, als er nun auf den stattlichen Zug niederländischer Reiter und die endliche Sicherheit zuritt.

Den Gefahren der Heide entronnen, hatten die Duisburger Herren in Wesel aber einen neuen Kampf zu bestehen. Nicht einen Kampf der Waffen, sondern einen Kampf der Zungen um die Höhe der von den Herren Staaten benötigten Servicegelder. Es war für den mutigen Diener Harras ein Glück, dass dieses tagelange Geplänkel von dem Duisburger Bürgermeister und seinem Rentmeister allein ausgefochten wurde, sonst hätte Harras der Kühne bei der Wirtin „Zum pläsanten Hud" nicht so vergnügte Tage verleben können, wie er es bei Witz, Wein und Gesang tat. Das aber musste wahr sein: Bürgermeister Schommert ritt alle Pferde der hohen Politik mit solcher Gewandtheit, und Rentmeister Löwe legte alle Schlingen eines Rentmeisterhirns mit solcher Fertigkeit aus, dass am Ende des Landtages nicht nur 1200 Taler Servicegelder in des Rentmeisters Geldkatze klangen, sondern auch 25 niederländische Reiter den Duisburger Herren zum Konvoy zugebilligt wurden. Unter dem Geleite dieser 25 streitbaren Holländer ritten die Duisburger, des Mutes voll und keiner Gefahr achtend, den selben Weg in einem Tag zurück, den sie vordem in drei langen Tagen und schlaflosen Nächten mit der Unruhe und Angst eines Ahasver durchmessen hatten. Eigentlich waren ihnen nur 20 Reiter zugestanden, und nur dem Bitten und Flehen des tapferen Dieners Harras Kühn war es zuzuschreiben, dass diese Zahl der Sicherheit des Herrn Bürgermeisters wegen auf 25 erhöht wurde. Es geschah aber das Sonderbare, dass

Harras Kühn, der auf dem Marsche von Duisburg nach Wesel immer als Letzter im Zuge geritten war und die Nase immer auf der Kuppe des Pferdes gehabt hatte, bei der Heimkehr nach Duisburg stolz an der Spitze des Zuges paradierte und in der aufrechten Haltung eines spanischen Granden das Duisburger Kuhtor durchschritt.

„Weg mit Schaden!", sagte Bürgermeister Schommert am 9. April 1631, setzte sein Handzeichen unter das Protokoll der denkwürdigen Reise und warf es verärgert in sein Schubfach.

*   *   *

Das Meidericher Geisterschloss

Vor vielen Jahren gab es unmittelbar neben dem Gelände, auf dem die schon lange stillgelegte Zeche Westende einmal gestanden hat, einen tiefen See. Das Wasser dieses Sees war von einer so grünen Färbung, dass man glauben konnte, er wäre mit einem Rasenteppich bewachsen. So lange, wie die Meidericher zurückdenken konnten, hatte es diesen grünen See schon gegeben.

Doch vor vielen, vielen Jahren, so sagte man, hat hier, lange noch, bevor es den grünen See gegeben hat, ein wahrlich verzaubertes Schloss gestanden. Obwohl in diesem Schloss niemals jemand wohnte, hat es keiner gewagt, darin Unterkunft zu suchen. Das Volk mied das Schloss und seine Umgegend und machte immer einen großen Bogen um das alte Gemäuer. War doch gleichwohl jedem bekannt, dass es dort gar grausig spukte. Abends, wenn die Dämmerung kam, konnte man bereits die ersten Geister sehen, die in diesem Schloss ihr Unwesen trieben. Wenn sie ruhelos von einem Raum zum anderen wandelten, so sah man es bereits aus der Ferne. Dann huschte in den Schlossfenstern der Kerzenschein von einer Fensterhöhle zur nächsten.

Da gab es wohl manch wagemutige Meidericher, die sich nächtlich ganz nahe an das Schloss heranschlichen. Sie suchten in sicherer Entfernung Versteck im Gehölz, welches den verwucherten Schlosspark umgab. Aus diesem Verstecke konnten sie dann oft die Geister beobachten, wie diese mit kleinen Laternen in den Händen durch die Gärten des Schlosses wandelten.

Dann aber eines Tages, war das Schloss plötzlich verschwunden. Die Geister hatten gemerkt, dass sie von den Meidericher beobachtet wurden. Sie fühlten sich bei ihrem Herumwandeln gestört. Das behagte den Geistern ganz und gar nicht, denn diese Beobachtungen empfanden sie als eine arge Belästigung.

Ob des Verschwindens des Schlosses machte sich in der Bevölkerung große Verwunderung breit und niemand konnte sagen, wohin die Geister mit ihrem Schloss verschwunden waren. Noch größer war die Ver-wunderung darüber, dass dort, wo das Schloss gestanden hatte, plötzlich ein See lag, ein unergründlich tiefer See, dessen Wasser grün gefärbt war.

Mit der Zeit geriet das Schloss fast in Vergessenheit und nur die Alten erzählten noch dessen Geschichte. Erst als die ruhelosen Geister von Zeit zu Zeit wieder auf-tauchten, um das tiefgrüne Gewässer zu umwandeln, wurde der See und seine Geschichte wieder zum Gespräch. Die Geister nahmen Rache für die früheren Belästigungen der Meidericher. Regelmäßig lockten die

Geister Kinder herbei. Diese Kinder wurden zum gefährlichen Spiele an den steilen Ufern des grünen Sees verführt. Wenn die Kinder dann ganz nahe am Wasser waren, ließen die Geister das lockere Erdreich des Strandes in den See rutschen. Mit dem Erdreich stürzten auch die Kinder in die unergründlichen Tiefen des Gewässers. Die bösen Geister erfreuten sich dann ihrer Opfer.

Bald schon wagte sich niemand mehr in die Nähe des Sees. Die Meidericher verboten ihren Kindern, zum See zu gehen und warnten sie eindringlich davor, dort zu spielen, auch wenn es noch so verlockend sein möge. Man sagte zu den Kindern, dass jedes Mal, wenn ein unschuldiges Kind am See spielt, es sofort von den bösen Geistern gepackt wird. Dann würde es in das grüne Wasser gezogen und niemals würde man das Kind dann wiedersehen. Nur ein schwarzer Fleck, den man im tiefgrünen Wasser erkennen kann, zeigt an, dass die Geister sich wieder ein Opfer geholt haben.

Der See ist nun lange schon verschwunden. Das Einzige, was noch an diesen Ort erinnert, ist die alte Geschichte vom Geisterschloss.

*   *   *

Kreuzgang der Hamborner Abtei

Das Hamborner Opfermahl

Nach Beendigung des Dreißigjährigen Krieges, der viel Not und Elend über die Region brachte, war endlich wieder etwas Ruhe in das Land eingekehrt. Das Leid der Menschen jedoch hatte auch noch Jahre nach diesem Krieg noch kein Ende. Es herrschte überall große Armut. Aus dieser Zeit stammt die Geschichte des Hamborner Opfermahlmahls, die in alten Schriften mit verschnörkelten und schwer lesbaren Buchstaben, verfasst in blumiger Sprache, zu finden ist:

Der 8. Oktober des Jahres 1659 war ein sommerlicher Herbsttag. Mit mildfreundlichem Schein ruhten die Strahlen der Mittagssonne auf dem einfachen viereckigen Turm der Hamborner Klosterkirche mit ihrem eingeknickten Helm, übergossen dann, tiefer hüpfend, die rechte Hälfte des chorartigen Erkers an der Nordseite des Klosters mit der Fülle von Licht und hüpften aufsprühend über die vergoldeten Ziffern der Jahreszahl 1562 hinweg, hoben auch funkelnd und bedeutungsvoll einige Wappenzeichen der vielen gemeißelten Schilder aus dem Grau des Erkers hervor. Freilich, in das Innere der düsteren Kirche getrauten sich die munteren Strahlen nicht zuhauf. Neugierig nur lugten sie durch die hohen, gotischen Fenster in das dreigeteilte Kirchenschiff, sprangen gleich mutwilligen Schulbuben über die schmucklosen, altersgrauen Bänke dahin, trieben an den gedrehten Säulen der Beichtstühle ihr lustig leuchtendes Kletterspiel und setzten den darauf stehenden Heiligen-figuren einen neuen goldenen Schein ums ehrwürdige Haupt.

Behutsamer schon tappte der übermütige Schein der Oktobersonne ins hohe Chor hinein, strich wie lieb-kosend über den reich und zierlich geschnitzten Predigtstuhl, glitt von da hinüber auf das kunstlose Chorgestühl, warf sich dann aber mir seiner ganzen Macht auf den neuen prachtvollen Altar mit seinem großen Mittelbild, das mit seiner Farbenpracht und seiner stillen Trauer das Spiel der lustigen Sommervögel bändigte. Ganz in lichtes Weiß gehüllt, leuchtete dort die lebensgroße Gestalt des Gekreuzigten, am Kreuz hängend, hernieder auf das Chorviereck. Das Haupt des Heilandes war gesenkt im letzten Todesseufzer, die Finger gekrallt in unnennbaren Weh, der Körper ge-krümmt über ein Leiden, das riesengroß alles Menschenleid übertönte. Leid, Schmerz und Tod schrie das Bild in den düsteren Kirchenraum hinein. In dunklen, an Rembrandt erinnernden Farben sang die Umgebung des Kreuzes, Landschaft und Menschen, eine schauerliche Symphonie in Farbengrau.

Wie von frommer Scheu gebändigt, wandte sich der Sonnenblick von diesem machtvollen Bild zurück auf den einsamen Mönch, der, in Gebet versunken, in dem mittleren, dreisitzigen Betstuhle, links vorn gleich neben dem Altare, kniete. Das war der Abt des Klosters Hamborn, Herr Wilhelm Gottfried von Hyllen, seit zwölf Jahren Leiter der Geschicke der Hamborner Abtei und Herrschaft. Weiß leuchtete sein langfaltiges Habit, sein seidenes Käpplein, darunter sein blasses Gesicht über den im Gebet gefalteten Händen.

Wie eine Lebensgeschichte lag das Antlitz vor dem Bild des Beschauers. Die kühn geschwungenen Lippen erzählten von froher Jugend und romantischen Jünglingsjahren. Zwei herbe Züge um die Mundwinkel waren die Erinnerungszeichen der Leidensjahre des Dreißigjährigen Krieges. Tief und scharf waren sie eingemeißelt in das marmorne Gesicht und bannten für immer den Schmerz in die großen braunen Augen des ehrwürdigen Herrn.

Zwei scharfe Falten standen aufrecht zwischen den Augenbrauen und setzten ihre Linie, zeigend von Klugheit und Gedankenschärfe, auf dem langen schmalen Nasenrücken fort. Andacht und Sorge wälzten sich hinter der hohen Stirn des ehrwürdigen Herrn.

Belauschen wir den Lauf der Gedanken. Nach all den Entheiligungen, die gottesräuberische Sektierer auch der Abtei Hamborn in gerütteltem Maße hatten zuteil werden lassen, waren endlich Jahre des Friedens eingekehrt. Jahre des Friedens – aber Jahre der Not und Entbehrung! Kaum wusste der Abt von einem Tage zum anderen das Leben der Pater, der Brüder und des Gesindes zu fristen. Das bare Geld, alte Schuldverschreibungen, Wertstücke und Schmuck, alles war von der Furie des Krieges dahingerafft. Die Felder lagen wüst; Tag für Tag rodeten die Brüder die Felder auf der fernen Heide, machten urbar und hatten doch jahrelang zu warten, ehe der karge Boden wieder hinreichende Frucht gab. Die Sassen des Klosters hatten ihre Höfe verlassen, weil die Bewirtschaftung sich nicht mehr lohnte; ihre Höfe verfielen und in den Trümmern der Ställe gaben sich Marder und Wiesel ein Stelldichein. Wenn sich der Himmel nicht der Not des Klosters erbarmte, hörte der Jammer nimmer auf.

Der Abt hob den Blick zu dem Todesbild des Gekreuzigten empor. Wie dieser lichtverklärte Leichnam aus dem Dunkel der Todesschatten leuchtete, so winkte seit einigen Tagen dem Kloster neue Hoffnung.

Herrgott, war das eine mühsame Bettelreise zu den Herren und Klöstern gewesen! Abt Wilhelm hatte sich ihr gerne unterzogen, weil er in seinem Gottvertrauen immer noch die geheime Zuversicht hegte, es werde sich einer des Klosters erbarmen und ihm ein Darlehen gewähren, damit es über die schlimmsten Jahre hinwegkomme.

Der Abt lächelte.

In Duisburg hatten die Stadtherren und auch die geistlichen Brüder wie auf geheime Abrede die Schultern gezogen und gemeint, was sie in Duisburg mit dem Kloster in Hamborn zu schaffen hätten. Das liege in der Heide und nicht im Banne der Stadt. Freilich, freilich lag das Kloster in der Heide, aber doch nahe genug bei der großen Stadt Duisburg, dass all die fremden Kriegsvölker, die vor den starken Mauern und Toren Duisburgs sich nordwärts wandten, voll Wut, weil ihnen die fette Tafel der Stadt entgangen war, mit um so größerer Gier in die unbefestigte Abtei Hamborn einfielen und sich an Küche und Keller, Sakristei und Schatzkammer und auch an Menschenqual so verlustierten, dass sie wie vollgesogene Blutegel tage-, ja mondelang sich in den Klosterbereich einlagerten.

Dann war der Abt Wilhelm schweren Herzens zum Grafen Wilhelm Wirich von Dhaun – Falkenstein auf dem festen Hause Broich gekommen. Schwer war der Gang gewesen, denn Graf Wilhelm Wirich war der neuen Lehre mit Leib und Leben ergeben und hasste die Kuttenträger wie die Erinnerung an die frühere katholische Zeit. Aber der Graf war reich und stark. Er konnte dem Abt wohl Hilfe leihen, zumal immerda freundschaftliche Beziehungen zwischen Haus Broich und dem Kloster bestanden. Der Broicher hatte den ehrwürdigen Abt gar wohl empfangen, auch trefflich bewirtet, aber für seine Bitten um Darlehen und Hilfe nur ein verstocktes Herz gezeigt und schließlich auf seinen einzigen Sohn Karl Alexander verwiesen, der, ohnehin erst 16jährig, doch schon Offizier bei einem französischen Leibregiment sei und zum Herbst in Urlaub komme. Wenn dieser, sein Stolz und seine Hoffnung, bereit sei, von seinem Mutterteil dem Kloster etwas abzugeben, so solle es ihm recht und genehm sein. So sank die Hoffnung wie der Schimmer einer ersterbenden Kerzenflamme bis zur Enge der Mutlosigkeit, als der Abt von Broich zum Schlosse Styrum kam. Zwar war Graf Moritz ein stattlicher Herr von 36 Jahren, dem ein wetterwendisches Kriegerleben das Angesicht gebräunt und von scharfen, wie vom Schwerte geschnittenen Falten gezeichnet hatte, gar liebenswürdig und entgegenkommend gewesen, aber hatte sich doch nicht dazu verstehen können, dem Kloster aus seinem Lehenschatze irgendeine Hilfe zu gewähren. Im Oktober wolle er hinkommen und sich vom Zustand der Abtei überzeugen, vielleicht, dass sein Verwalter etwas tun könne.

So trieben Sorge und Hoffnung den Abt von einer Quelle zur anderen, ohne dass ihm Labung wurde in allen Entbehrungen und Not. Bis er im Vorübergehen eines Tages in Wintgens Hof auf zwei Eheleute stieß, denen der jähe Tod der Kinder und die Sorgen der Kriegsjahre das Herz gar wohl beackert hatten, die aber auch ihre Truhen so wohl zu verwahren gewusst, dass sie immer noch Geld zu Händen gehalten. Doch man weiß, wie Bauern sind. Von einem wohlgepflügten Bauernherzen bis zur Willensfrucht ist die Wachstumszeit länger noch als zwischen Samenkern und erstem Apfel. Dreimal schon hatte Heinrich Wintgens nebst seiner Ehefrau Agnes Losern alle dem Gotteshaus Hamborn „zuständigen Hab und Güter, alle semptlich, nichts ausgenommen" gar eingehend mit pfiffig blinzelnden Augen durchwandert und betrachtet, auch wohl durchblicken lassen, dass er an die 800 vollwertige Reichtaler frei und verfügbar in der Truhe liegen habe. Aber sein Herz lag noch immer bei den Talern im finstern Schrein und, weiß Gott, es mochten noch Jahre dauern, bis der Tod ihn willfährig gezwickt, dass er um Gnade und Seelenheil endlich seine Schätze herausrückte, der Not des Klosters zu steuern.

Höher stieg die frohe Mittagssonne.

Abt Wilhelm erhob sich, beugte noch einmal die Knie vor seinem Gott und schritt dann durch die Kirche in die Empfangsstube der Abtei, von woher er den Lärm und das Schreien der Bettler und Armen hörte, die allmittäglich an der Klosterpforte ihr mageres Süpplein und ihren kräftigen Bissen Brot empfingen. Einen Augenblick verharrte der Abt in der schön getäfelten Empfangsstube. Hier solle er heute – war es eine Fügung des Himmels? – wichtigen Besuch empfangen. Nicht nur Heinrich Wintgens mit seiner Ehefrau Agnes Losern hatte seiner

Einladung zum Mahle Zusage gegeben, auch der junge Herr von Broich, der jetzt im Herbsturlaub auf der väterlichen Scholle weilte, wie auch der schwarzbärtige Graf Moritz von Styrum hatten für den heutigen Tag ihr Erscheinen zugesagt. Drei Helfer in der Not, von denen mit des Himmels Gnade heute wenigstens einer seine milde Hand auftun sollte zur Rettung des geliebten Klosters vor gänzlichem Verfall und Untergang.

Weiter schritt der Abt. Hinein in den lichterfüllten Kreuzgang der Abtei. Wie prachtvoll die Sonne das Quadrum verklärte! Weiß hob sich die Schlangenlinie des Wandelpfades aus dem grünen Rasenviereck des Grundes. Die grünen Blättlein weißstämmiger Birken zitterten unter dem liebkosenden Streicheln der warmen Oktobersonne. Der Schatten des Sturmhelmes stand spitz über dem vierten rundbogigen Fenster des Nordflügels und die ganze wohlgegliederte Reihe der sechs Doppelfenster mit den ernsten Kreuzen dazwischen und den lustigen, kleinscheibigen Fensterquadraten darüber lachten den heranschreitenden Herrn Abt hoffnungsvoll und erfolgsversprechend an. Wahrhaftig, es war doch ein schöner Oktobertag! Gegen allen Brauch reichte Abt Wilhelm dem Prior Bertram Adrian de Bylandt und dem Klosterkellner Wilhelm von der Voort, die ihm aus dem Nordflügel entgegenkamen, die schlanke Rechte, deren Abbasring sie ehrfurchtsvoll küssten.

„Ein schöner Tag, vielliebe Herren, schön hoffentlich nicht nur der Sonne nach, sondern auch nach der Willfährigkeit menschlicher Herzen."

„Das wolle Gott", versetzte der Prior Bertram, „dass uns die Sonne am Abend noch schöner scheint als am Mittag!"

„Freilich", lachte der Klosterkellner, der ein Schalk war, „tausend Reichstaler möchte ich eine goldene Abendsonne nennen!"

„Nun wohl", schloss der Abt, „wenn drei Herzen so zusammenklingen, in gleicher Not und gleichem Gebet, da muss doch auch das Quartet, das wir erwarten, woll's Gott, ein trefflich Lied singen!"

Schon wollte der schalkhafte Pater Herr von Voort sagen: „Aber nicht das Lied: `Vom Schatz in der Truhe´, sondern vom `Goldsamen auf Gottes Acker´, da meldete des Abtes rotbefrackter und lächerlich bunt kostümierter Kammerdiener das Eintreffen des vornehmen Herrn Wintgens mit Gemahl, und zugleich hörte man das stumpfe Stampfen herantrabender Pferde, die das Nahen der Grafen von Broich und Styrum verkündigten.

Steif und gemessen ging nach dem Mahle das Gespräch um die Gasttafel im Rektorium des Klosters in Hamborn. Zu oberst saß der ehrwürdige Abt. Ihm zur Seite, rechts auf dem Ehrenplatz, der männlich schöne Graf Moritz von Styrum, Kapitän im Heere des Herzogs von Württemberg. Hätte er nicht seiner 36 Lebensjahre und seines Ranges wegen den Platz zur Rechten des Abtes verdient, so doch nach dem Glauben seiner katholischen Väter, dem er trotz aller Wirren und Versuchungen mit seinem Geschlechte treu geblieben. Ihm gegenüber, zur Linken des Abtes, saß Graf Alexander von Broich, der Sohn des mächtigen Vorkämpfers für das reformierte Bekenntnis in der ganzen Umgegend. Dann folgten in bunter Reihe der Prior und der Klosterkellner, der Hofbesitzer Wintgens und seine Frau Agnes, der Kavalier Bonenberg und ein Monsieur Brouan.

Erst hatten die fröhlichen Worte nach links und rechts und über den Tisch hinüber verbindliche Reden ausgelöst. Dann bot eine Zeit lang der schalkhafte Pater Kellner mit schelmischen Augen und geschäftigen Händen, wie wenn er Karten ausgebe, Witze und Anekdoten in die Runde. Auch Moritz von Styrum ward ganz der lebensfrohe Reiter und führte, wie seine Schwadron ins Gefecht, ein heiteres Bild um das andere herauf, dass dem alten Wintgens im Lachen die Tränen in den struppigen Schnauzbart sprangen und seine Frau Agnes ein um das andere Mal unters Tafeltuch griff, um den im Lachen schüttelnden Leib zu halten. Nur Graf Alexander saß stumm und freudlos. Da fingen die lebhaften Franzosen an, ihn zu rütteln mit aufmunternden Reden und brachten ihm ein Glas ums andere. Denen tat er wohl immer mit gierigem Munde und vollen Zügen Bescheid, aber sein Mund blieb stumm.

Die Wangen des Jungherrn von Broich waren fieberhaft gerötet. War es von dem Wein, der gelb wie Gold in seinem Glase glänzte, war es der Unmut darüber, dass der Styrumer in der Rangordnung ihm vorgezogen war? Wer weiß? Die Hand des Grafen spielte erregt um den schlanken Schaft des Römers, seine Augen warfen Blitze auf sein Gegenüber und fuhren dann wieder geringschätzend über das breite Gesicht des Priors und vorwurfsvoll herausfordernd über das ruhige edle Antlitz des weißhaarigen Abtes zu seiner Rechten.

Unruhig beobachtete der Hofmeister seinen Zögling. Das Benehmen des jungen deutschen Herrn gefiel ihm nicht, war weit entfernt von der französischen Etikette, die er ihm Tag für Tag in Wort und Beispiel beizubringen suchte. „Es ist doch ein rüdes, unbezähmbares Geblüt in ihm. Wie taktlos, gleich dem erstarrten Weibe Lots hier an der Tafel zu sitzen! Wie ungebührlich, auf die liebfreundliche Rede des ehrwürdigen Prälaten mit Schulterzucken und Gesichtsverzerrungen zu antworten!

Wenn er doch wenigstens den Weinkelch aus der Hand ließe!" so dachte der Hofmeister und nahm sich vor, schon auf dem Heimwege dem Jungherrn französisch die Kapitel zu lesen.

„Euer Edlen belieben mit Schweigen das Gespräch zu würzen!" spöttelte Graf Styrum zum Jungherrn von Broich.

Der Prälat zuckte zusammen, zwang sich aber zu einem liebenswürdigen Lächeln und sagte: „Graf Alexander weilt zum ersten Mal an unserer bescheidenen Tafel. Ich verstehe sehr wohl, dass des Klosters Brauch und Gesellschaft der Paters seinen jungen Sinn gefangen nimmt. Außerdem ziert seine Jugend mehr das Schweigen als die Rede."

„Tres gentil", entfuhr es dem jungen Grafen, „aber um Antwort zu geben, genügt mir meine Jugend und bedarf ich nicht eurer Hilfe. Freilich ist mir die katholische Gesellschaft fremd. Unser Haus zählte zu den edlen Geschlechtern der reformierten Lehre. – Doch auch die Gesellschaft des Herrn von Styrum ist mir nicht allzu sehr Gewohnheit. Sein Degen sticht aber auf der anderen Seite. Wenn ich schweige, so ist das gegen ihn die beste Verteidigung."

Da radebrechte Monsieur Brouan vermittelnd da-zwischen: „Wie sakt doch die alte Sprichwort deutsches: Mit schweigenden Denken tut man keinen kränken. Un honnete homme qui dit oie et non, merite d`être cru!"

Das sprudelte so lebhaft und schelmisch artikuliert hervor, dass die Tafelrund unwillkürlich wieder in ein erlösendes Lachen ausbrach.

Weltgewandt fügte der Hofmeister hinzu: „Ich glaube doch, dass hinter der Stirn meines schweigenden Herrn sich große Taten wälzen und käme er selbst nur von der Hasenjagd!"

Damit klang das Jagdthema wieder an. Und so erzählte man sich denn von den ungeheuer zahlreich auftretende Kaninchen in den alten Landwehren. Den Wölfen, die im Duisburger Walde wie auch in den Emscherbrüchen wieder sich herumtrieben. Den Hirschen, die ständig Klagen der Bauern hervorriefen, weil sie ihnen die junge Saat verwüsteten. Den Wildpferden, die im Emscherbruch und im Duisburger Walde in edlen Schlägen rudelweise hausten. Wohlgelaunt schloss Moritz von Styrum die Erzählung an von den Wunderhengsten, die Graf Spee, der Wildgraf des Duisburger Forstes, sich seit langem wünschte: der eine müsste ein Schimmel mit schwarzem Sternchen am Kopf, der andere ein Hellbrauner sein, ein klein wenig weiß unten am Fessel und auch ein kleines Sternchen mache nichts. Nun find man wohl im ganzen Lande, so sehr Graf Spee auch danach verlange, weder einen Schimmelhengst mit einem schwarzen Sternchen, noch einen Hellbraunen mit weißem Sternchen auf der Stirn, und ob der junge Graf Spee darüber selbst in Rasen verfalle, er müsse auf das Wunder der Schimmelwerdung, wie er es sich denke, wohl für immer verzichten. Man weiß ja, wie junge Grafen sind, sie begehren auf und möchten alles zerschlagen, wenn nicht alles tanzt nach ihren Willen."

„Das geht auf mich!" fuhr da blitzend das Wort des Jungherrn von Broich über die Tafel. „Graf Styrum, Ihr habt mir Rechenschaft zu geben!"

„Bei Gott!" begütigte Moritz von Styrum, „ich versichere, dass ich es nicht auf Euch gemeint habe. Wie käme mir das an dieser Tafel, in so ehrwürdiger Gesellschaft auch in den Sinn?"

„Graf Alexander!" rief der Hofmeister über den Tisch herüber, „ich bitte um Mäßigung! Auch ich habe nicht den Eindruck, dass Graf Styrum die Absicht hatte, Euch zu kränken, um so mehr nicht, da er freimütig diese Absicht widerlegt."

„Dem sei, wie ihm wolle!" knirschte der erzürnte Broicher seinem Hofmeister zu. „Wenn ich Eure Meinung nötig habe, beliebe ich vorher darum zu bitten. Aber lassen wir das! Mag Graf Styrum doch von seinen eigenen Jagdstreichen erzählen." Gierig führte der Sprecher den vor ihm stehenden gefüllten Römer zu Munde und leerte ihn in einem Zuge: „Ja, meine Herren, er könnte erzählen von seiner letzten Begegnung mit meinem Vater. Wisst, dass der Graf von Styrum sich mit der Kaninchenjagd in der Landwehr besser nicht gebrüstet hätte, denn nach einem alten Vertrage steht die Jagd darauf nur unserem Hause, den Herrn von Dhaun – Falkenstein, zu. Ich weiß nicht, wie die ehrwürdigen Herren es mit der Moral bezeichnen, wenn man Verträge schließt, um sie nachher lachend zu missachten."

Graf Moritz entfärbte sich, zwang sich aber zu einem feinen Lächeln. Das mochte den Groll des Junggrafen von Broich nur noch mehr aufstacheln, denn schon fuhr er fort:

„Nicht war, mein lachender Herr von Styrum, Ihr denkt doch auch noch an Eure letzte Jagd in der Speldorfer Aue, als Eure ganze Koppel Hunde losgelassen in unser Jagdgebiet hineinhetzte? Wäre mein Vater Euch nicht entgegengetreten und hätte Euren besten Mordax niedergeschossen, Ihr möchtet Euch im Broicher Jagd-grund noch ergiebiger an der Hetzjagd ergötzt haben. Es lässt sich nun einmal nichts daran ändern, Herr von Styrum, unser Haus hat das Eurige seit langem überflügelt. Die Herren von Broich lachen der Styrumer Wildgrafen in fremden Jagdgründen!"

Das war zuviel. Graf Moritz erhob sich sporenklirrend, trat, sich verbeugend, an den Prälaten heran, um sich zu verabschieden, derweil der Broicher Jungherr erneut einen Römer leerte. Er war sehr bleich; in seinen Augen schlief der Hass, und um seinen Mund spielten Überhebungen und Frechheit. Abt Wilhelm zitterte leise in der Stimme, als er nun priesterlich ruhig in die Stille hineinsprach:

„Vieledler Graf von Styrum, tragt meiner Tafelrunde keinen Groll nach. Auch Ihr waret einmal jung, und nicht jedes Eurer Worte mögt Ihr auf die Goldwaage gelegt haben. Verlasst darum nicht im Zorn unser gastliches Dach, und Ihr, Graf Alexander, helft mir doch durch ein liebes Wort, meine Gäste länger noch an diesen Tisch zu bannen!"

Er griff nach der Hand des Broicher, der aber entzog sie ihm. Mit liebenswürdiger Gebärde nötigte der Prälat den Styrumer Herren noch einmal, Platz zu nehmen, weil er Wichtiges zu besprechen habe. Dann trug er in bewegten Worten die Not seines Klosters vor, sprach von der Hoffnung, die er mit der mit der steigenden Sonne in seinen Herzen getragen, und bat inständig die Grafen und Herren, insonderheit auch seinen lieben Gutsnachbarn Wintgens nebst Gemahl, der Not des Klosters zu gedenken und ein Gotteswerk wohltätiger und, woll's Gott, kräftiger Hilfe zu tun.

Aber die Stimmung war dahin. Und so sehr auch der Hofmeister des Jungherrn von Broich die Worte seines Zöglings beschönigen und entschuldigen wollte – der junge Graf starrte mit nichtssagendem Gesicht in sein geleertes Glas, der Strom der Unterhaltung wollte nicht mehr aufkommen, und der freundschaftliche Duft der Gesellschaft war unwiederbringlich dahin. So schieden denn zuerst mit steifen Bücklingen der Hofbesitzer Wintgens mit seinem Ehegesponst aus dem eisigen Kreise. Dann brachen auch die Herren auf, riefen nach ihren Pferden und trabten nach kurzem Abschied in zwei getrennte Haufen – hie die Broicher, hie die Styrumer! – in die Lipperheide hinein.

Hinter ihnen her ritt der Kammerdiener Jussuf des Hamborner Abtes, um ihnen bis an die Styrumer Grenze das Ehrengeleit zu geben. Ein heftiger Wind hatte sich aufgetan und riss den schwarzen Umhang des Schutzreiters zu gespenstigen Formen hoch, und im Davongaloppieren erschien sein graues Kaskett wie ein grinsender Totenschädel.

Regengrau stand weithin der Himmel, und schon lösten sich die ersten Tropfen von dem dunklen Wolkenhang.

Gedankenschwer betrat Abt Wilhelm mit seinen beiden Getreuen die hohe Klosterkirche, wo sich der Kreis der Brüder zum abendlichen Chorgebet bereits versammelt hatte. Die Andacht strömte Welle auf Welle mit anflutendem Gesang und verebbendem Gebetsgemurmel durch den weiten Raum. Als der Chor nun sang: „Scuto circumdabit te veritas ejus, non timebis a timore nocturno – Schild und Schirm ist seine Treue; du brauchst nicht zu fürchten die Schrecken der Nacht!" da neigte Abt Wilhelm gar tief sein greises Haupt und empfahl seine Gäste wie auch die Not seines Klosters innerlich erschauernd dem Allerhöchsten, auf den er fromm wie ein Kind vertraute.

In der Stillen Klause des Klosters oben saßen dann bei sinkendem Dämmer der Abt und der Prior Bertram zu ernstem Gespräche beisammen. Noch einmal ließen sie alle Bilder des stürmisch verlaufenden Mahles und der grell abgeschlossenen Unterhaltung bei Tisch an sich vorüberrauschen. Alle frohen Hoffnungen des sonnenhellen Morgens schienen ihnen jetzt im Abenddämmer erfroren und geknickt. Der zornige Aufbruch der entzweiten Reiter grämte den Abt fast noch mehr:

„Unser Haus ist immer die Wohnstätte des Friedens gewesen, und nun entspinnt sich hier zwischen den beiden Grafen, die uns helfen sollten, ein solcher Hader! Kaum kann ich es noch fassen!"

„Ich würde darob nicht so bekümmert sein", tröstete Prior Bertram, „der Streit zwischen Broich und Styrum ist älter als unser Leben. Seitdem die Glaubensentzweigung den Riss zwischen ihnen vertiefte, sieht menschlicher Blick nicht mehr die Möglichkeit einer Einigung zwischen den beiden Häusern. Auch glaube ich nicht, dass der Styrumer uns hätte helfen können, selbst wenn er gewollt hätte. Sein Haus ist verschuldet und seinen reichen Lehnsbesitz haben die Voreltern mit verschwenderischer Hand vertan. Ein unstetes Blut pocht in ihren Adern und kann sich nicht genügen auf dem Wohnsitz der Väter. Darum streift auch Graf Moritz wie ein zweiter Ahasver durch deutsches und welsches Land und folgt nur den Spuren seiner Väter, die, gleich flüchtigen Fußes, selten Ruhe fanden auf Styrum. Nicht ein einziger von ihnen liegt in Styrum begraben."

Es wurde still im engen Gemach. Weit gingen die Gedanken der sinnenden Mönche, bis Abt Wilhelm fast flüsternd sagte: „Ist es denn wahr, was man erzählt? Dass Graf Moritz von Styrum der letzte seines Geschlechtes sei und in gerader Linie abstammt von jenem Friedrich von Isenberg, der vor 400 Jahren den Erzbischof Engelbert erschlug?"

Prior Bertram nickte ernst mit dem Kopfe. „Man sagt es und in alten Schriften habe ich davon gelesen. Bin auch selbst am Gevelsberg gewesen und auf der Stelle gestanden, wo das Blut des heiligen Mannes unter den Schwerthieben des Isenbergers und seiner Gesellen verspritzte. Der Duisburger Minorit Franziskus, der in Styrum Hilfskaplandienste tat, hat mich dorthin geführt.

Aber was hilft alles, Gott hat die Blutschuld wohl schon längst vergeben. Sein ist die Liebe."

„Ich kann nicht sagen", hob dann der Abt wieder an, „dass Graf Moritz von Styrum eine unedle Rolle an meinem Tisch gespielt hat.

Gewiss loderte in seinen schwarzen Augen ein wildes Feuer, aber er hatte sich doch selbst in der Gewalt und blieb ritterlich und zuvorkommend. Wehe aber dem jugendlichen Feuerkopf vom Hause Broich. Kaum 16 Jahre alt, im Dünkel und Wahn eines alten, großmächtigen Grafenhauses großgewachsen, als einziger Sohn von seinem Vater verwöhnt und verhätschelt. Er benahm sich wie ein dünkelhafter und unbesonnener Knabe. Man weiß nicht, was einen mehr in Erstaunen setzen soll, seine kindliche Überhebung oder sein herausforderndes Benehmen gegenüber einem mehr als doppelt so alten Standesgenossen."

„Ich bemitleide am meisten den Hofmeister, der mir eine adlige, gerade gerichtete Seele zu sein scheint, sich so unendlich bemühte, den üblen Eindruck seines Zöglings zu verwischen und den Jungherrn selbst zur Besinnung zu bringen."

„Es war eitle Müh", lächelte schwermütig der Abt. „Je mehr er zügelte, um so toller galoppierte sein junges Ross; je mehr er zur Mäßigung mahnte, um so gieriger leerte der junge Fant den Becher und überstürzte die tolle Rede seines Mundes. Es war ein verhängnisvolles Mahl!"

Prior Bertram horchte auf. Es klang, fern wie Hufschlag, wie Galoppieren. „Mir scheint, unser Jussuf kehrt zurück. Er sollte doch das Pferd mehr schonen."

„Wer weiß, welch Kunde er bringt", hauchte der Abt. „Mir ahnet Unheil!"

Schon schrie im Hof der Diener, wo der Abt sei. Er bringe wichtige Kunde. Schon hörte man den polternden Schritt des Stürmischen auf der Treppe, da stand er im Zimmer, regendurchnässt, von Morast beschmutzt, ein Bild rasenden Rittes durch verregnete Heide.

„Der junge Herr von Broich ist tot! Erschossen!"

Jach fuhren die Worte hervor und verklangen in tiefem Schweigen. Wohl standen beide Mönche im ersten Schreck hoch aufgereckt hinter dem Tisch, aber keiner vermochte ein Wort zu sagen. Nur eine Gebärde der weißen Abtshand schien zu sagen: „Erzähle, was du weißt!"

Und Jussuf erzählte:

„Ich ritt hinter den beiden Reitertrupps daher bis hinter Wittfeldsmühle. Dort stockte der schnelle Ritt, weil wir Mann hinter Mann die Emscherfurt passieren mussten. Es war ein nasser Ritt. Der Regen goss in Strömen und der Wind peitschte uns die Scheuern in den Nacken. Hinter der Emscher kamen die Herren von beiden Seiten wieder ins Gespräch und trabten so eine Weile dahin. Da ritt der Hofmeister, der Franzose, an den jungen Grafen von Broich heran. Was er ihm sagte, das weiß ich nicht, denn er sprach französisch, aber man bedeutete mir hinterher, er habe ihm ernstliche Vorhaltungen gemacht wegen seines Benehmens bei Tisch hier in unserem Kloster und wie er das Ansehen derer von Dhaun – Falkenstein durch Trunk und freches Wort geschädigt habe. Da schrie der junge Graf plötzlich wie ein Besessener auf und hieb wie wahnwitzig mit seiner Reitgerte auf seinen Hofmeister ein. Der gab seinem Rosse die Sporen, Graf Broich wie ein Windsbraut hinter ihm her. Ich sah, wie der junge Graf mit wildem Fluch sein Pistol losnestelte, hörte deutlich, wie er schrie: „Hund von einem Hofmeister! Das Wort sollst du mit deinem Blute bezahlen!" Da jagten wir alle hinter dem Wahnsinnigen her. Graf Moritz von Styrum war ihm zunächst, ritt an ihn heran und sprach zu ihm. Was ersagte, weiß ich nicht, aber der Broicher kehrte nun seine Wut gegen ihn und zückte sein Pistol mit wildem Geschrei auf Graf Styrum. Ich werde das Bild nie vergessen. Auch Graf Styrum griff an seine Seite, wo sein Schießzeug steckte. Zwei Schüsse krachten fast zur gleiche Zeit. Ich weiß nicht, wer zuerst schoss, ob Broich, ob Styrum. Aber der Junggraf von Broich warf jach die Hände hoch und schrie noch einmal nach seiner Mutter und fiel hintenüber vom Pferd.

Das Herz stand mir stille in der Brust. Graf Moritz von Styrum war wie der Wind von seinem Pferde und bei dem gestürzten. Er drückte den Kopf des Junggrafen an seine Brust und strich ihm über die Wangen und, täuscht´ ich mich nicht, so seufzte er tief auf und stammelte ein über das andere Mal: „Mein Gott, mein Gott, was soll daraus werden? Dann kam der Hofmeister. . . sie alle kamen und standen in Regen und Wind und starrten sich an und griffen einander und schrien sich an: „Er ist tot, er ist tot!" Graf Moritz von Styrum ritt stumm wie das Grab mit seinen Begleitern in die regnende Heide hinein. Der Hofmeister nahm den Junggrafen vor sich auf sein Pferd wie ein Kind. So ritt er mit noch zwei Reitern den Heiderhöfen zu, wisst, wo der Schlagbaum die Landwehr schließt. Ich aber wandte mein Ross und ritt hierher, die Schreckensbotschaft zu überbringen. . ."

Der Ruf von dem plötzlichen Tode des Junggrafen von Broich ging durchs ganze Land und weckte überall Bestürzung und Schrecken. Geschäftige Zungen aber vergifteten das Geschehnis mit hässlicher Entstellung und machten aus einer schicksalsschweren Fügung einen gemeinen Mord. Auch zu dem Bauern Wintgens im Hamborner Grenzbann drang die Kunde und läutete ihn und seiner Ehefrau Agnes erschütternd die Totenglocke durch Herz und Gemüt. Dieselben Herren, die auf der Heide so schicksalsschwer aneinander gerieten, hatten ja mit dem Bauer Wintgens bei dem Abt zu Tisch gesessen, worauf er und sein Ehegesponst nicht wenig stolz gewesen. Und nun lag der junge Graf kalt und bleich auf der Totenbahre. Von einem fliegenden Blatte, dass die erste Kunde vom Tode des Broicher Jungherrn brachte, las Heinrich Wintgen seinem Weibe bebend den Schlussspruch vor:

„Gestern war ich jung und stark,
Heute lieg´ ich schon im Sarg;
Das bedenk´ ein jeder Christ,
Der hier lebt und sterblich ist."

Sagte Frau Agnes kopfschüttelnd: „Und nun ist es an der Zeit, dass wir dem Kloster doch die 800 Taler leihen. Denk nur, was dir davon bliebe, wenn du am Abend nach dem Klostermahle in der schrecklichen Heide gelegen hättest wie der Junggraf von Broich!"
„Du hast recht", sagte der Bauer Wintgens und gab sich einen Ruck.
Und so geschah es, dass aus dem mit Grafenblut getränkten Heidgrund bei Hamborn die Blume des Wohltuns aufschoss und gedacht, der Bitte des Abtes Erhörung verschafften.

*   *   *

101

Die Zwerge im Duisburger Wald

Vor langen Zeiten erstreckte sich der Duisburger Wald über ein großes Gebiet. Er dehnte sich zwischen Rhein und Ruhr bis nach Düsseldorf und Kettwig aus. In diesem teilweise undurchdringlichem Dickicht lebten Alben, Zwerge und andere Waldgeister. Manchmal, wenn Zwerge durch Menschen geärgert wurden, verübten sie eine böse Rache. Sie nahmen den Menschen das Kind aus der Wiege und legten stattdessen eine verhutzelte Zwergin hinein.

Dieses Schicksal ereilte auch das Bauernpaar vom Hof Scheel. Auch ihnen wurde ein Wechselbalg von den Zwergen untergeschoben. Aus Verzweifelung nahmen sie das Zwergenkind auf den Arm und machten eine Walfahrt zur Marienheide. Sie hofften, dass ihnen dort durch ein Gebet geholfen würde. Unterwegs kamen sie aber an eine versteckte Zwergenhöhle vorbei. Da sprang der Zwerg der Mutter vom Arm und rief:

„Ich bin so alt, wie der Duisburger Wald,
siebenmal gemollt und siebenmal gekollt,
und doch wieder gewachsen wie Mühlenachsen."

Der kleine Zwerg verschwand in der Höhle und ward niemals mehr gesehen. Das Bauerpaar hatte kein Mittel gefunden, den Zwerg zu entlarven. So war auch ihr eigenes Kind für immer weg. Anders erging es einen Bauern in Rahm. Als seine Frau verstarb, hinterließ sie ein kleines Kind, ein Mädchen. Weder der Bauer noch sein Gesinde hatte Zeit, sich genügend um das Kind zu kümmern, denn es gab sehr viel Arbeit auf Hof und Feld. Da kamen eines Tages Erdmännchen und nahmen das Kind des Bauern fort. Stattdessen legten sie eine zahnlose, alte Zwergin in die Krippe. Keiner hatte das bemerkt, denn die Zwergin war viel stiller als das Kind.

Nur manchmal hörte man ein leises Wimmern und Weinen. Der Bauer schöpfte Verdacht. Er nahm einige Kopfhaare von der Zwergin und ging damit zu einer weisen Frau, um die Sache untersuchen zu lassen. Diese Frau erkannte sofort, was geschehen war und sagte: „Das ist ein Wechselbalg. Dieser Zwerg wächst nicht. Das richtige Kind ist in einer Zwergenhöhle." Dann gab die weise Frau dem Bauern genaue An-weisungen über das, was er unternehmen sollte. Der Bauer ging wieder nach Hause. Am anderen Tag saßen alle zu Tisch. Die Zwergin tat, als schliefe sie. Sie verhielt sich ganz ruhig. Da sagte der Bauer laut: „Das Kind will nicht wachsen. Wir werden einen letzten Versuch machen und es taufen." Er ordnete alles an und schickte das Gesinde hinaus. Am Abend stellte er alle Töpfe um den Herd und legte eine zerbrochene Eierschale hinzu. Dann tat er so, als ob er hinaus ging, versteckte sich aber im Rauchfang. Wenig später tippelte etwas durch die Stube. Die Zwergin fürchtete sich vor der Taufe und wollte zur Haustür hinaus. Als sie aber die vielen Töpfe und die Eierschale sah, wurde sie neugierig. Sie ging zum Herd und rief:

„Ich bin so alt, wie der Duisburger Wald,
hab aber mein Lebtag nicht gesehen,
so viel Töpfe am Herd eines Bauern stehen."

Dann lief die Zwergin fort. Der Bauer verließ darauf hin ebenfalls das Haus, um seine Leute und den Pfarrer zu holen. Als er mit ihnen zum Haus zurück kam, da hörten sie schon von draußen ein Kind weinen. Sie betraten das Haus. In der Wiege lag das kleine Mädchen des Bauern. Es wirkte gesund und frisch und war bereits groß geworden. Die hässliche Zwergin aber blieb für immer verschwunden.

*   *   *

Die Hexe

In einem kleinen Kotten, nahe der Duisburger Stadtmauer, an der Beek, lebte eins eine alte Frau namens Agnes Muisfeld. Sie war Witwe. Um sie herum gab es in der Nachbarschaft reichlich Gerüchte. Hinter vorgehaltener Hand munkelte man, dass Agnes Muisfeld wahrlich eine Hexe sei.

Sie bewirtschaftete den alten Kotten mit dem dazu gehörigen Stück Land ganz alleine und lebte mehr schlecht als recht davon. Das Gerücht, dass sie eine Hexe war, kam auf, weil man sie regelmäßig in der Wedau und im Wald umherhumpeln sah. Dort konnte man beobachten, wie sie allerlei Kräutlein sammelte und diese nach Hause in ihren alten Kotten trug. In ihrer verräucherten Küche hing sie die Kräuter zum Trocknen auf. Dadurch war der Raum stets mit allerlei durchdringenden Gerüchen erfüllt. Agnes Muisfeld wusste recht wohl, welches Kräutlein gegen welches Wehwehchen anzuwenden sei. Das war auch allen bekannt. Die alte Muisfeld war bei den Duisburgern gefragt, wenn es darum ging, erkranktes Vieh zu kurieren. Selbst gegen böse Krankheiten braute sie aus ihren Kräutern immer das richtige Tränklein. Obwohl es in Duissern einen klugen Schäfer gab, der sich auf Tierkrankheiten verstand, kamen die Leute lieber zu der Alten. Doch jedes Mal, wenn sie ein Vieh kuriert hatte, dann redete man hinter vorgehaltener Hand schlecht über sie. Man munkelte, dass die Alte heimlich Zaubersprüche murmelte, wenn sie ihre Tränklein braute, denn solche Heilkräfte gehen ja nicht mit rechten Dingen zu. Natürlich wussten die Leute auch sofort, wie die Muisfeld an solch übernatürliche Kräfte kam. Man sagte, sie war mit dem Teufel im Bunde. Alle Zeichen dafür konnte man schließlich eindeutig erkennen. War sie doch in Besitz eines großen, schwarzen Katers und wenn man richtig in ihr runzeliges Gesicht schaute, dann konnte man auch die rotgeränderten Triefaugen sehen.

Jedes mal, wenn sie wieder jemandem geholfen hatte, wurden die Gerüchte in der Nachbarschaft wilder. Man munkelte und raunte, dass sie gewiss eine Hexe sein musste. Es war die Zeit, in der man Angst vor Hexen hatte. Man wusste, dass überall in Deutschen Landen die Scheiterhaufen brannten. Darauf wurden die vermeintlichen Gehilfinnen und Gehilfen des Satans dem Flammentod übergeben. So erwehrten sich die Städte des Bösen, dass sich in ihnen zu verbreiten drohte. Viele Nachbarn glaubten, dass der Teufel nun auch seine Krallen nach Duisburg ausstreckte und die alte Muisfeld gar wohl sein Werkzeug war. Bald wurden die ersten Stimmen in der Nachbarschaft laut, dem Gerichte einen Hinweis auf das Wirken der Hexe zu geben. Doch die Bürger, denen die Muisfeld mit ihren Kräutern und Tränklein geholfen hatte, brachten diese Schwätzer mit derben Worten zum Schweigen und man ließ der Alten ihre Ruhe.

Eines Tages aber, kam eine gefährliche Seuche über das Land, welche das Vieh dahinraffte. Überall auf den Höfen wütete das große Viehsterben. Dieses Mal aber wollte kein Mittel dagegen helfen.

Jäh kamen wieder die Gerüchte auf, dass die alte Muisfeld eine Hexe sei. Sie sei es gewesen, die das Vieh verhext hat. Sogar in der Öffentlichkeit sprach man wilde Drohungen und Verwünschungen gegen die Alte aus. Die Hexe solle sterben. Der Rädelsführer aller war Jan Muelmann. Sein stattlicher Hof grenzte unmittelbar an den Äckern der Witwe. Doch gebärdete sich Muelmann eigentlich nur so laut, weil er wusste, dass wahrscheinlich er die Seuche nach Duisburg gebracht hatte. Auf einem Gehöft nahe Moers waren solche Krankheitsfälle bereits vorher aufgetreten. Als der Bauer dieses Hofes dem Jan Muelmann billiges Zuchtvieh anbot, sagte dieser, ob des er von dem erkrankten Vieh wohl wusste, zu. Der Bauer bot das Vieh zu einem so erstaunlich guten Preis an, dass Jan Muelmann hätte wissen müssen, dass etwas nicht in Ordnung war. Doch der knauserige Muelmann dachte nur an das gute Geschäft. Kaum hatte er das Vieh auf seinem Hof, da brach die Seuche aus und raffte alle seine Tiere dahin. Wütend wie er war, zog er umher und hetzte alle Bürger gegen Agnes Muisfeld auf. Er konnte die Witwe noch nie leiden. Oft hatte er versucht, seinen Grund zu vergrößern, indem er einfach heimlich etwas von ihren angrenzenden Äckern absteckte. Doch die Alte war stets auf der Hut und steckte die Grenze wieder richtig. Es wurmte ihn auch, dass die Witwe versuchte, allen, denen das Vieh erkrankt war, mit ihren Tränklein zu helfen, nur ihm half sie nicht.

Doch dieses Mal konnten selbst die Tränklein der Muisfeld nicht helfen und das Viehsterben wütete weiter. Die Witwe besaß auch eine Kuh. Da die Alte ihre Kuh aber niemals mit anderem Vieh zusammen gebracht hatte, blieb das Tier gesund. Das war für Jan Muelmann der endgültige Beweis, dass Agnes Muisfeld eine Hexe war. Jetzt war es ihm ein Leichtes, die Duisburger aufzuriegeln. Direkt am nächsten Dienstag, als der Schultheiß mit seinen zwölf Schöffen eine Sitzung abhielt, begab sich Muelmann mit der gesamten Nachbarschaft zum Rathaus. Hier, bei dem hohen Gericht verklagte man die vermeintliche Hexe. Gerne nahm der Schultheiß die Klage entgegen, denn in fast allen Nachbarstädten hatte es schon Hexenprozesse zuhauf gegeben. Es war schon lange her, als man hiesig solche Prozesse hatte. Seinerzeit waren zwei Männer der Zauberei angeklagt und sie dann verbrannt worden, den einen in Ruhrort und den anderen, einen gebürtigen Wanheimer, in Duisburg. Seitdem aber hat der Satan die Stadt Duisburg in Ruhe gelassen. Wahrlich, dem Schultheiß kam diese Anklage gerade recht. Er schickte auch gleich seine Häscher aus, um die Witwe Agnes Muisfeld „gefänglich einzuziehen".

Als Agnes Muisfeld gerade mit ihrem Milcheimer aus dem Stall kam, sah sie eine Menschengruppe auf ihren Hof zukommen. Allen voran marschierten die Stadtknechte, dessen häscherischen Auftrage sich die Witwe gleich bewusst war. Etwas weiter, hinter den Stadtknechten, kamen die Nachbarn. Natürlich hatte die Alte das bösartige Gemunkel gehört, welches über ihre Person verbreitet wurde. Deshalb wusste sie, was ihr nun bevorstand.

Sie ließ jäh ihren Milcheimer fallen und rannte los, so schnell ihre alten Beine sie zu tragen vermochten. Ihr Ziel war der Kirchhof. Dieser war, nach einem alten Gesetzt, eine Freistätte. Ein Angeschuldigter, den seine Flucht dorthin geführt hatte, durfte von seinen Häschern nicht mehr gegriffen werden, so war das Gesetzt.

Doch Jan Muelmann, der die Gruppe der Nachbarn angeführt hatte, ahnte das Vorhaben der Witwe. Die Gruppe versperrte der alten Frau den Weg zum rettenden Kirchhof. Sie umringten sie und beschimpften sie mit bösartigen Schmähungen der schlimmsten Art. Agnes Muisfeld erkannte die Ausweglosigkeit und ergab sie sich ihrem Schicksal.

Als die Stadtknechte sie fassten, beteuerte sie jämmerlich ihre Unschuld, doch ihre Häscher lachten. Sie banden die Witwe und führten sie unter wüstem Geheule der umstehenden Menschenmenge in die Stadt. Dort wurde sie in den Kerker geworfen.

Der Schultheiß wusste, dass es in Kleve einen Hexenrichter gab, dessen Erfahrungen in solchen Angelegenheiten überall bekannt war. Sein Ruf, bisher alle Hexerei enttarnt zu haben, eilte ihm voraus. So bestellte der Schultheiß diesen Hexenmeister nach Duisburg. Der Schultheiß wusste, dass die Bestellung des Hexenrichters für das Stadtsäckel eine große Belastung werden konnte. Der Meister verlangte für seine Dienste täglich einen Gulden und für seinen Diener einen halben. Sollten für die Hexenenttarnung Folterungen von Nöten sein, dann musste für jede Folterung zusätzlich ein Gulden, ein Albus und ein Quart Wein entrichtet werden. Der Schultheiß wusste aber auch, dass bei einer Enttarnung der Hexe all ihre Hab und Gut an die Stadt fiel.

Das wusste natürlich auch Jan Muelmann, der bereits Überlegungen anstellte, dem Stadtrat ein gutes Gebot für die, an seinem Gehöft angrenzenden Äcker der Hexe, zu unterbreiten. Wenn er dem Schulzheiß einen besonderen Obolus zukommen ließe, dann sollte es wohl klappen.

Als der Hexenrichter aus Kleve in Begleitung seines Dieners eintraf, holte man die Witwe aus dem Kerker. Dann führte man sie in den Rathauskeller. Hier warteten bereits drei Männer auf sie. Es war der Hexenrichter, der gleichzeitig auch Scharfrichter war, dessen Diener und ein Gerichtsschöffe. Die strengen Gesichtszüge des Meisters verrieten der Alten, dass sie wohl kaum Milde zu erwarten hatte. Der Diener war ein Mann mit groben Händen. Er hatte die rote Gesichtsfarbe eines Trinkers. Seitwärts saß der etwas blasse Gerichtsschöffe. Vor ihm, auf einem Tische, lagen Pergament und Feder bereit, um

den gerichtlichen Verlauf der Befragung niederzu-
schreiben.

Als Agnes Muisfeld auf einem anderen Tisch die
Folterwerkzeuge liegen sah, bekam sie es mit großer
Angst zu tun. Sie hatte schon genugsam von diesen
schrecklichen Geräten gehört. Ein grausiges Zittern
durchfuhr sie in Mark und Bein.

Dann eröffnete der Scharfrichter mit dunkler, drohender
Stimme die Anhörung:

„Gib Gott die Ehre, wende Dein Herz vom Bösen,
erleichtere Dein Gewissen! Hast Du einen Bund mit dem
Teufel geschlossen? Ist er bei Dir gewesen, im grünen
Rock, mit der Hahnenfeder und dem Klumpfuß? Hast Du
mit Deinem Blut irgendetwas unterschrieben?"

Da begann die greise Witwe jämmerlich zu weinen:
„Ich bin eine gute Christin und habe nichts mit dem
Teufel zu schaffen!"

„Vieler achtbarer Leute Zeugnis spricht gegen Dich!",
sagte der Meister in drohendem Tone. „Siehst Du dort
die Zangen, die Schrauben und Messer? So mancher
Leib, der jünger und stärker war, als der Deine, hat
höllische Pein durch sie gelitten, bis er das Leugnen
aufgab. Willst Du bekennen, dass Du auf dem Besen
durch den Schornstein geritten bist?"

„Gott sei mir gnädig!", heulte und schluchzte die Witwe.
„Ich weiß nichts von alledem."

Da beschloss der Schaftrichter, nun zum peinlichen
Verhör überzugehen. Er wies seinen Diener an, der
Beschuldigten die Daumenschrauben anzulegen. Dieser
folgte dem Befehl. Die Witwe wandte sich unter den
grässlichen Qualen und ihre Schmerzensschreie hallten
so laut, dass man sie bis oben im ganzen Rathaus hören
konnte. Dann hielt der Scharfrichter sie an, sich bis

morgen eines Besseren zu besinnen. Er ließ die weinende Greisin wieder in den Kerker werfen.

Doch auch als man sie an den folgenden Tagen dem Verhör vorführte, bekannte sie sich nicht zum Teufel. Ob des wurde sie noch dreimal gefoltert. Die erste Folter war ein Besprühen mit kochendem Wasser. Bei der nächsten Folter kniff man ihren Körper mit rotglühenden Zangen. Die letzte Folter bestand daraus, die Füße der armen Greisin mit spanischen Stiefeln zusammen zu pressen. Agnes Muisfeld schrie vor Pein, dass man glauben konnte, selbst die Mauersteine würden vor Mitleid zerfließen. Die unsäglichen Schmerzen ließen sie mehrmals in Ohnmacht fallen. Zu guter letzt verfiel die Witwe ob der Qualen in den Wahnsinn. Doch trotz aller schrecklichen Foltermühen konnte man ihr kein Geständnis entreißen.

Da man der Alten nun in ihrem Wahnsinn wohl endgültig kein Geständnis mehr abzwingen konnte, befahl der Vorsitzende des Gerichts, dass man sie am nächsten Morgen der Hexenprobe unterwerfe. Diese Probe solle im Wasser des Rheines stattfinden.

Wie ein Lauffeuer verbreitete sich die Kunde, dass im Rhein eine Hexenprobe stattfindet, in der ganzen Stadt. So versammelten sich frühmorgens bereits die Bürger am Rhein, um dieses Schauspiel mit anzusehen. Es mochten Tausende sein, die erwartungsvoll am Fluss standen.

Man hatte eigens für die Hexenprobe ein hohes Gerüst direkt am Ufer gezimmert. Von dort oben sollte die Hexe ins Wasser gestoßen werden, um das Gottesurteil zu empfangen.

Dann war es soweit. Die Stadtknechte zogen den Karren mit der armen Frau zum Fluss. Als die Menschenmenge sie erblickte, spuckten sie und sprachen wilde

Beschimpfungen aus, denn die Viehseuche wütete immer noch. Agnes Muisfeld hockte bewegungslos, mit schmerzenden und zermarterten Gliedern, in dem Karren. Sie hatten ihr ein Büßerhemd übergestreift. Man erblickte Teilnahmslosigkeit in ihren erloschenen Augen. Die Menge wurde immer wütender, doch bald würde ihnen Befriedigung gegeben werden, denn Gott selbst wird durch die Wasserprobe sprechen.

Neben dem Karren lief ein Priester her. Er redete auf die alte Frau ein, sich doch noch zu ihrer schweren Schuld zu bekennen, um wenigstens ihre Seele vor dem Fegefeuer zu retten. Doch es war, als könne die Greisin seine Stimme nicht mehr wahrnehmen. Sie reagierte nicht.

Da trat der Richter noch einmal an sie heran. Noch einmal befragte er sie, aber es kam kein Bekenntnis über ihre schweigenden Lippen. Er gab den Knechten ein Zeichen. Diese brachten die arme Frau hinauf auf das hohe Gerüst. Auf einen Wink des Scharfrichters schleuderten sie die Witwe in den Fluss.

Nun würde es sich entscheiden. Da man der Frau Hände und Füße zusammen gebunden hatte, konnte sie sich selbst nicht helfen. Gott fällte das Urteil. Wenn sie keine Hexe war, dann würde ihr Körper wohlbehütet auf dem Wasser treiben. Wenn sie aber mit dem Teufel im Bunde war, dann würden die Fluten des Rheines sie verschlingen, ob dass sie ihre gerechte Strafe bekam.

Agnes Muisfeld ging sofort unter. Noch einmal tauchte sie kurz auf und es war ein Arm und ein Stück des Gewandes zu sehen. Dann verschluckten sie die Fluten.

„Seht! Seht! Diese halsstarrige Teufeln!", riefen die Leute. „Das ist der Beweis! Sie war eine Hexe!"

Nun glaubten sie, dass jetzt alles wieder besser wird und die Seuche die Stadt verlässt. Die Schuldige war gefunden und bestraft worden.

Doch es war wohl eher so, dass der Rhein barmherziger war, als die Menschen mit ihrer rohen Unwissenheit, denn er hatte die arme Witwe von all ihrer Pein und all ihren Qualen erlöst.

Während der Priester ein Gebet zum Himmel schickte, wies der Scharfrichter die Stadtknechte an, die Leiche der Frau eiligst aus dem Wasser zu ziehen, ehe der Strom sie davon trägt.

Als dies geschehen war, schleppte man den toten Körper zum Schindanger am Siechenhaus. Dort bereitete man einen kleinen Scheiterhaufen und legte die Leiche darauf. Dann legte man das Feuer daran an und die Flammen verwandelten den starren Körper der Witwe Agnes Muisfeld zu einem Häuflein Asche.

*   *   *

Das Hexensuchen mit den Kleiderfetzen

Als das vierjährige Töchterchen eines armen Kötters auf den Tod erkrankte, suchten seine Eltern den in einem entfernt liegenden Städtchen wohnenden Arzt auf, um ihn zu bitten, ihrem Kinde zu helfen. Doch die ärztliche Kunst blieb ohne Erfolg. Da glaubten sie, ihr Kind sei verhext. In diesem Glauben wurden sie von ihren Nachbarn bestärkt. Als die Mutter das Oberbett des Kindes untersuchte, fand sie darin ein Federbüschel in der Gestalt eines Vogels. Nun waren die Eltern und Nachbarn fest davon überzeugt, das erkrankte Kind habe unter den schwarzen Künsten einer Hexe zu leiden. Sie vermuteten, dass eine bestimmte Person aus der Nachbarschaft ihr Kind behext habe, weil es zu ihr eine besondere Zuneigung empfand und aufhörte, über seine Schmerzen zu klagen, sobald sie an sein Bett getreten war. Um festzustellen, ob diese Person die Hexe sei, wollten die Eltern Kleiderfetzen von ihr auf ihrem Herd im Wasser zum Kochen bringen. Deshalb schnitten sie bei deren Besuchen von ihren Kleidungsstücken unbemerkt kleine Stoffteilchen ab und sammelten sie in einem eisernen Topf. Sie füllten ihn mit Brunnenwasser und brachten den Inhalt auf dem Feuer zum Sieden. Dann schnitten sie, wie es ihnen die Eltern gelehrt hatten, mit einem Messer das Wasser kreuzweise durch. Die vermeintliche Hexe erschien zwar nicht, doch war die verdächtige Person die erste Fremde, die nach dem Tod des Kindes das Haus betrat. Da verfiel sie der Verachtung und dem Abscheu aller ihrer Nachbarn und war genötigt, ihre Heimat zu verlassen.

*   *   *

Der geheimnisvolle Schatz

Im Duisburger Norden, genauer gesagt, in dem Gebiet von Aldenrade, Alsum und Schwelgern, soll auch heute noch ein unermesslicher Schatz aus Gold, Silber und Edelsteine vergraben sein. Wäre es ja nur eine einzige Geschichte, die von einem Schatz in dieser Gegend erzählt, dann könnte man ja sagen, dass sich jemand diesen Schatz nur ausgedacht hat. So sind es aber mindestens drei verschiedene Erzählungen, die miteinander nichts zu tun haben und dennoch eine Gemeinsamkeit aufweisen: Sie alle erzählen von einem Schatz, der irgendwo im westlichen Grenzgebiet zwischen den heutigen Stadtteilen Hamborn und Walsum noch immer unentdeckt vergraben liegt. Aber was soll man auch nach einem Schatz suchen, der nur in alten Erzählungen vorkommt? Doch wer weiß, vielleicht würde sich eine Schatzsuche ja lohnen? Hat nicht auch Heinrich Schliemann Schätze ausgegraben, nur, weil er in der Ilias, einer alten Geschichte von Homer etwas vom untergegangenen Troja gelesen hat? Alle hatten Homers Geschichten als Sagen dargestellt. Schliemann aber glaubte an die alten Überlieferungen und suchte darauf hin nach Troja. Wie wir heute alle wissen, wurde er für diese Suche mehr als reichlich belohnt. Er fand einen wertvollen Schatz. Und wer weiß, vielleicht liegt ja auch in unserer Stadt so ein unermesslicher Schatz verborgen, irgendwo in Schwelgern. Eigentlich ist es ja fast gar nicht möglich, dass diese geheimnisumwitterten Reichtümer noch nicht gefunden wurden. Spätestens beim Bau der riesigen Fabriken und der Häuser, die heute fast überall dort stehen, hätte man eigentlich auf den Schatz stoßen müssen, vorausgesetzt, es gibt ihn wirklich. Doch wurde wirklich das ganze Gebiet, in dem der Schatz vergraben wurde, zugebaut? Diese Frage ist mit einem klaren „Nein" zu beantworten. Ein ganz bestimmter Bereich in Schwelgern wurde noch nie überbaut: Der Schwelgernpark. Ursprünglich bestand dieses Gebiet aus Heide und Sumpf. Alles Brachland wurde mit der Zeit überbaut. Doch einen Teil davon machte man zum Park. Aus den alten Erzählungen geht deutlich hervor, dass der Schatz am Kiebitzberg vergraben wurde. Direkt am Schwelgernpark steht heute noch die alte „Kiebitzmühle". Sie steht an der „Kiebitzmühlenstraße". Eine Straße, die am Schwelgernpark endet, heißt heute noch „Am Kiebitzberg'. Auf alten Landkarten, die aus einer Zeit stammen, in der es hier noch keine Stadt gab, sind im heutigen Duisburger Norden nur einige wenige Bauernhöfe eingezeichnet. Eines ist aber auf jeder Karte zu finden: Der Kiebitzberg. Dieser Name ist scheinbar genau so alt, wie die Legenden vom Schatz am Kiebitzberg, auch wenn dieser Berg mittlerweile abgetragen wurde. Und sagt man nicht, dass in jeder Sage und in jeder Legende nicht auch ein Stückchen Wahrheit liegt?

Doch bevor der Leser sich nun eine Schaufel schnappt, um damit den ganzen Schwelgernpark umzugraben, sollte er erst einmal die folgenden drei Geschichten lesen:

Geschichte Nr. 1
Das Hunnengold am Kiebitzberg

Diese Geschichte stammt aus der Mitte des ersten Jahrtausends unserer Zeitrechnung. Damals fiel der berühmte Hunnenkönig Attila mit seinen Horden über große Teile von Europa her. Auch vor den Orten am

Niederrhein machte er nicht halt. Die Hunnen überfielen Stadt für Stadt. Sie plünderten und brandschatzten in allen Orten und machten eine reichliche Kriegsbeute. In den Gebieten am Niederrhein allerdings stießen sie auf große Gegenwehr. So kam es, dass ihr Heer hier besonders große Verluste erlitt. Diese blutige Auseinandersetzung fand, den alten Überlieferungen nach, im heutigen Schwelgerngebiet statt. Bei dieser Schlacht kamen nicht nur viele Hunnenkrieger ums Leben. Unter den Toten waren auch einige Anführer von ihnen. Nachdem die Schlacht geschlagen war, mussten die Toten standesgemäß beigesetzt werden. In den alten Berichten ist wortwörtlich zu lesen: *Sie begruben ihre Gefallenen dort, wo heute der Kiebitzberg ist.* Angeblich holten sich die Hunnen sogar bei den Einheimischen die Genehmigung ein, ihre Toten hier bestatten zu dürfen. Wie es bei den Hunnen so üblich war, bekam jeder verstorbene Krieger viele Grabbeigaben mit in die Gruft. Den gefallenen Anführern legte man einen großen Teil der eroberten Gold- und Silberschätze mit ins Grab. So entstanden am Kiebitzberg zahlreiche Hunnengräber. Den Anwohnern war diese Stätte unheimlich und sie mieden den Ort. Sie sagten nun nicht mehr Kiebitzberg, sondern „Lykenberg", was übersetzt „Leichenberg" bedeutet. Diese Hunnengräber sollen mit den Jahrhunderten langsam ins Erdreich abgesunken sein, bis auch der letzte schwere Grabstein von Erde bedeckt war. Auf die Frage, warum man bis heute noch keines dieser geheimnisvollen Hunnengräber gefunden hat, gibt es eine einfache Antwort: Es hat noch niemand danach gesucht!

Geschichte Nr. 2
Der gerechte König

Im Duisburger Norden liegt der Stadtteil Hamborn. Hier
dominiert seit geraumer Zeit die Stahlindustrie. Auch
wenn die Produktionen mittlerweile zurück gegangen
sind, so werden immer noch weite Flächen von der
Industrie beherrscht. Ein großes Gebiet, welches den
Namen Schwelgern trägt, ist fast komplett von den
Anlagen der August-Thyssen-Hütte bedeckt. Dieses war
nicht immer so. Früher waren die einzigen Gebäude, die
dort standen, ein paar Bauernhöfe. Ansonsten gab es nur
einige Wälder und ausgedehnte Sumpf- und Heide-
landschaften. Diese Gebiete beherrschten schon seit
Menschengedenken den Landstrich von Schwelgern. Die
Alrayse Heyde und das Schwellinger Bruch waren die
letzten Gebiete dieser Art. Die damaligen Sümpfe
wurden mehr und mehr trocken gelegt und die
Industrialisierung ließ bald vergessen, wie dieser, direkt
am Rhein liegende Landstrich einmal ausgesehen hat.
Doch hieß diese Gegend nicht immer Schwelgern. Dieser
Name ist nur eine Ableitung von Sualengeren. So hieß
das sumpfige Gebiet, welches sich am Rheinufer entlang
zog, ursprünglich.
Es gibt eine Sage über dieses Gebiet, eine Geschichte,
die früher immer wieder gerne erzählt wurde. Vor langer,
langer Zeit, soll es einen Fürsten gegeben haben, der
über die damaligen Ländereien herrschte. Manche sagen
sogar, dass es ein König war. Deshalb wird die
Geschichte auch „Die Sage vom gerechten König" genannt. Dieser Fürst war sehr reich. Er besaß Schätze aus
Gold und Edelsteine. Sein Reichtum war weit über das
Land hinaus bekannt. Der Fürst erfreute sich an seinen

wertvollen Geschmeiden und Schmuckstücken. Er wusste aber auch, dass es viele Menschen gab, die ihn um seinen Reichtum beneideten. So mancher hätte gerne ein Teil davon als sein Eigen gehabt. Deshalb hütete der Fürst den Schatz wie seinen Augapfel. Tief im Inneren seiner Burg hatte er ein ehemaliges Verließ zu einer Schatzkammer ausbauen lassen. Den einzigen Schlüssel dazu trug er stets bei sich.

Als er eines Tages davon erfuhr, dass selbst seine eigene Familie Teile des Schatzes stehlen wollte, beschloss er, den Schatz von nun an nie wieder alleine zu lassen.

Der Fürst reiste sehr gerne inkognito durch sein Land. Er wollte bei seinen Reisen nicht vom Volk erkannt werden und gab sich immer als Kaufmann aus. So kam es, dass er für eine bevorstehende Reise anordnete, alle seine wertvollen Dinge aus der Schatzkammer zu holen und auf Lasttiere zu packen. Er wollte sein ganzes Gold und all die wertvollen Edelsteine auf seine geplante Reise mitnehmen. Zwanzig Maultiere wurden mit den schweren Schätzen belanden. In der Begleitung des Fürsten befand sich ein General, der seinem Herrn schon seit langer Zeit treu ergeben war. Um den Schatz zu bewachen, ritten einige bewaffnete Männer mit. Auch diesen Männern vertraute der Fürst schon seit vielen Jahren.

Nachdem der Fürst mit seinen Männern und all den Schätzen zehn Tage über das Land gezogen war, führte sie der Weg durch das am Rhein gelegene Sumpfgebiet, welches von der Bevölkerung als Sualengeren bezeichnet wurde. Einige Leute, die sich nichts anderes leisten konnten, hatten sich in diesem unwirtlichen Gebiet ihre armseligen Hütten gebaut. Hier traf der Fürst mit seinen Gefolgsleuten auf einen Mann, der am

Wegesrand saß und bettelnd seine Hand aufhielt, als er den Fürsten erblickte.

„Bitte, mein edler Herr", flehte der Bettler. „Gebt mir etwas, wovon ich meiner kranken Frau und meinen hungernden Kindern Brot kaufen kann."

Der Fürst schaute von seinem Pferd hinab auf den Mann, der da vor ihm im Dreck saß. Er blickte auf eine zerlumpte Gestalt mit eingefallenen Wangen.

„Warum gehst du nicht arbeiten, damit deine Familie etwas zu essen hat?", fragte der Fürst.

Der Bettler schob seinen zerrissenen Mantel zur Seite. Nun sah der Fürst, dass der Mann keine Beine mehr hatte.

„Ich habe im Steinbruch gearbeitet, mein edler Herr", sagte der Mann. „Dort habe ich Steine behauen, damit unser Fürst seine Burg ausbauen konnte. Es gab für diese schwere Arbeit zwar nur einen Hungerlohn, aber es reichte aus, damit ich meine Familie ernähren konnte."

„Und wie hast du deine Beine verloren?"

„Ein schwerer Felsen hat sie mir bei der Arbeit im Steinbruch zerschmettert. Deshalb habe ich meine Arbeit verloren und niemand möchte jemanden anstellen, der keine Beine hat."

Nun lenkte der General des Fürsten sein Pferd neben seinem Herrn.

„Glaub diesem elenden Pack die alberne Geschichte nicht", meinte er zum Fürsten. „Dieses Gesindel lügt, um die Herzen anderer zu erweichen. Wahrscheinlich ist er im Suff unter einen Ochsenkarren gekommen und hat dabei seine Beine verloren. Eine Frau und Kinder wird er auch nicht haben."

Der Fürst war ein sehr weiser Mann und er ließ sich von keinem irgendeine Geschichte auftischen, die er nicht selber überprüfen konnte.

Er wandte sich an den Bettler:

„Wenn du Frau und Kinder hast, dann führe mich zu ihnen. Wenn du mich angelogen hast, so werde ich dich von meinen Männern verprügeln lassen."

Der Bettler blickte zum Fürsten hinauf.

„Folgt mir, mein Herr", sagte er.

Dann machte er sich mühselig auf den Weg. Er lief auf den Händen und schleifte dabei seinen Körper über den Boden. Man merkte, dass der Mann erst vor Kurzem die Beine verloren hatte. Das Vorankommen fiel dem Krüppel sichtlich schwer und er musste zwischendurch immer Pausen einlegen um neue Kraft für das Vorwärtskommen zu sammeln.

Nach einer Weile kamen sie zu einer baufälligen Hütte. Das Strohdach war halb eingefallen und die Tür lag, aus den Angeln gerissen, auf der Erde.

„Da sind wir, mein Herr."

Der Fürst stieg von seinem Pferd und betrat die Hütte. Nachdem sich seine Augen an das dunkle Licht, welches im Innenraum herrschte, gewöhnt hatten, erblickte er in einer Ecke ein Lager aus Stroh. Drauf lag eine Frau, die von starken Hustenanfällen gequält wurde. Auf ihrer Brust hielt sie einen Säugling. Direkt neben der Frau lag noch ein, etwa zwei Jahre altes Kind, welches leise vor sich hin weinte.

Der Bettler hatte sich neben den Fürsten begeben.

„Seht, mein Herr", sagte er. „Das ist meine Familie. Bitte habt Mitleid und gebt eine Kleinigkeit, damit wenigstens meine Frau und die Kinder etwas zu essen haben. Ich selbst werde wohl noch einige Tage durchhalten."

Dem Fürst überkam ein Gefühl, welches er noch niemals vorher so stark gespürt hatte. Die armen Leute taten ihm leid. Er hatte schon viel Elend gesehen, doch das hier war etwas ganz Besonderes. Der arme Mann hatte gearbeitet, damit er, der Fürst, seine Burg ausbauen konnte. Bei dieser Arbeit hatte er die Beine verloren. Der Mann verdiente es nicht, so elendig zu leben.

Der Fürst wies einen seiner Männer an, der armen Familie etwas von den fürstlichen Essensvorräten zu geben, die sie extra für die Reise mitgenommen hatten.

Dann ging der Fürst zu einem der Maultiere und öffnete einen Sack, in dem sich ein Teil seines Schatzes befand. Er griff hinein und zog eine Kette aus Gold heraus. Diese Kette war mit feuerroten Rubinen besetzt. Obwohl der Fürst an jedem seiner Schmuckstücke hing, trat er an den verkrüppelten Familienvater heran und drückte ihm die wertvolle Kette in die Hand.

„Damit kannst du die besten Ärzte bezahlen", sagte der Fürst. „Auch für einen fahrbaren Untersatz, der dir das Vorwärtskommen erleichtert, wird es wohl reichen."

Der beinlose Mann starrte ungläubig auf die goldene Kette.

„Aber mein Herr", sagte er. „So ein wertvolles Geschenk kann ich doch nicht annehmen."

Der Fürst drehte sich aber wortlos um und gab seinen Männern ein Zeichen zum Aufbruch. Er bestieg sein Pferd und ritt mit seinen Begleitern davon.

„Ich danke euch, mein edler Herr", rief der Bettler hinter ihnen her. „Das werde ich ihnen niemals vergessen. Von diesem Gold wird meine Familie ein ganzes Leben lang gut auskommen. Ich danke euch, mein Herr. Der Himmel muss euch geschickt haben."

Als der Fürst das hörte, erfüllte ihn ein ergreifendes Gefühl. Er war stolz auf seine gute Tat.

Sein Blick fiel auf den General, der direkt neben ihm ritt. Als der Fürst sah, dass dem General Tränen aus den Augen liefen, fragte er:

„Was ist mit dir los, General? Überfällt dich eine Krankheit?"

„Nein, mein Fürst. Ich bin ergriffen von dem Glück, welches du den armen Leuten gerade gebracht hast. Die strahlenden Augen des beinlosen Mannes werde ich niemals vergessen. Weiß ich doch ganz genau, mein Fürst, wie du deine Schätze liebst. Deshalb bin ich auch von deinem Großmut und deiner Güte überwältigt. Es erfüllt mich mit Stolz, einem Herrn wie dir dienen zu können. Das alles hat mich so ergriffen, dass ich die Tränen nicht zurück halten konnte."

Als der Fürst die anderen Männer anschaute, sah er, dass auch diese Tränen in den Augen hatten.

Es erfüllte ihn mit noch mehr Stolz. Er beschloss, von nun an öfter den Armen zu helfen. Selbst wenn er die Hälfte seines Schatzes dafür abgeben würde, dieses Gefühl, etwas Gutes getan zu haben, war mehr wert, als all das Gold.

Der Weg führte die Reisenden aus dem Sumpfgebiet von Sualengeren hinaus in die angrenzende Heide. Da in den letzten Tagen viel Regen auf das Land hernieder gegangen war, glich auch die sonst so trockene Heide einer Sumpflandschaft. Der Weg mit seinem sandigen Untergrund war aufgeweicht und wurde immer schlechter. Die Pferde und die Maultiere hatten Probleme, auf dem morastigen Boden voran zu kommen. Deshalb beschloss der Fürst, eine Rast einzulegen, damit sich die Tiere erholen konnten. Eine weniger morastige Stelle am Kiebitzberg bot sich als Lagerplatz an.

Kaum hatten sie ihr Lager aufgeschlagen, da kam eine Horde Reiter auf sie zu geritten. Es waren verwegene Gestalten, die sofort ihre Schwerter zückten, um den Fürsten und seine Männer zu überfallen.

Obwohl diese Räuber den fürstlichen Männern zahlenmäßig weit überlegen waren, trafen sie auf eine unerbittliche Gegenwehr. Der General und seine Männer waren gut ausgebildete Kämpfer und so kam es zu einem fürchterlichen Gemetzel.

Auch der Fürst schwang sein Schwert gegen die angreifenden Räuber. Einer der Angreifer hatte sich unbemerkt von hinten an den Fürsten herangeschlichen. Er hob seine Keule und ließ diese mit aller Kraft auf den Kopf des Fürsten hernieder sausen. Mit zerschmettertem Schädel brach der Fürst tot zusammen.

Als der General und die fürstlichen Männer das sahen, wurde ihre Kampfeswut unerbittlich.

Der General kämpfte, wie niemals zuvor. Sein Schwert traf einen Gegner nach dem anderen tödlich. Auch er wurde immer wieder von den Waffen der Gegner verletzt. Aus zahlreichen Wunden lief das Blut über seine Kleidung.

Als der General dem letzten Räuber einen tödlichen Stich versetzt hatte, blickte er sich um. Erst jetzt sah er, dass er der einzige war, der das Kampfgetümmel überlebt hatte. Um ihn herum lagen seine Männer und die Räuber. Sie waren alle tot.

Der ebenfalls schwer verletzte General schritt zu seinem Fürsten hinüber, der erschlagen auf der Erde lag.

„Oh, mein Fürst", sagte er traurig. „Das war unsere letzte gemeinsame Schlacht. Ich werde dem Volke bei meiner Rückkehr von deinem Mut und von deiner Großherzigkeit berichten. Dein Name soll für alle Zeit mit großer Ehrfurcht genannt werden. Das verspreche ich dir."

Als der General über das Schlachtfeld blickte, sah er erst das gesamte Ausmaß des Gemetzels. Nicht nur die Männer, sondern auch alle Pferde und Maultiere lagen tot auf der blutgetränkten Erde.

Wie sollte er jetzt zurück kommen? Er war selbst schwer verletzt und wusste, dass er es zu Fuß nicht schaffen konnte. Außerdem konnte er das Gold des Fürsten nicht einfach hier zurück lassen.

So beschloss der General, den Fürsten hier zu beerdigen.

Er hob unter großen Schmerzen eine Grube aus. Diese Grube war so breit und so tief, dass er sämtliche Schätze des Fürsten hineinlegen konnte. Nachdem alles Gold und alle Edelsteine in der Grube lagen, legte er den Körper des toten Fürsten obenauf.

Mit allerletzter Kraft schaufelte der General das Grab schließlich zu. Dann brach er über dem Grab tot zusammen.

Plötzlich blitze und donnerte es fürchterlich. Es regnete, als gehe die Welt unter. Der morastige Boden weichte immer mehr auf. Wie von Geisterhand versank alles, was an das blutige Gemetzel erinnerte, in der sumpfigen Erde. Das Moor von Sualengeren verschluckte die Männer und die Tiere und alles, was diese bei sich hatten.

In einiger Entfernung saß der Mann ohne Beine. Er hatte das Geschehen hilflos verfolgt. Nachdem er den Kampflärm aus der Ferne vernommen hatte, wollte er dem Fürsten zur Hilfe eilen. Doch ein Mann ohne Beine kommt nur langsam voran. Als er den Ort des Gemetzels erreicht hatte, stand nur noch der verletze General auf dem Schlachtfeld.

Der Bettler wollte dem General dabei helfen, den Fürsten zu beerdigen, doch war der arme Mann in seiner Eile so ungünstig in ein kleines Erdloch gerutscht, dass er nicht mehr heraus kam. Er steckte fest. So musste er denn hilflos zusehen, wie schließlich auch der verletzte General über dem Grab tot zusammenbrach.

Der nun folgende Regen wusch das Erdloch soweit aus, dass der Mann sich daraus wieder befreien konnte.
Traurig machte er sich auf den Rückweg zu seiner Familie. Dort erzählte er von dem tragischen Schicksal des gutmütigen Fürsten.
Viele Menschen, die von dieser Geschichte gehört hatten, machten sich auf der Suche nach dem sagenhaften Fürstenschatz. Doch der Platz, an dem das Grab liegt, den hat bisher niemand gefunden.
Das Einzige, was geblieben ist, dass ist die Sage, die Sage vom gerechten König.

Geschichte Nr. 3
Das Königsgrab in der Aldenrader Heide

Einst zog, in Heidnischer Vorzeit, ein mächtiger König mit seinen Recken gegen seine Feinde, weil diese ihm die Herrschaft über das Land zu beiden Seiten der Ruhrmündung in den Rhein streitig machen wollten. Eine blutige Schlacht entstand. Es war ein Hin und ein Her und die Schlacht wollte und wollte kein Ende nehmen. Mal hatte das Heer des Königs Überhand und mal seine Gegner.
Um noch mehr Blutvergießen zu verhindern, machte der König seinen Gegnern den Vorschlag, die blutige Auseinandersetzung durch einen Zweikampf zwischen ihm und dem Anführer der Gegenpartei zu entscheiden. Seine Gegner nahmen den Vorschlag an. So kam es zu einem Kampf Mann gegen Mann. Es war ein harter und hitzig geführter Kampf zwischen zwei wahrlich heldenhaften Männern.
Der König bezwang seinen Gegner und ging als Sieger aus diesem Kampf. Doch trug der König eine schwere

Verletzung davon, die ihm durch einen Schwerthieb des Gegners zugefügt wurde. Deshalb lag der König lange auf dem Krankenlager. Er fühlte, dass der Tod ganz nah war.

So beauftragte der König seine Goldschmiede, für sein Begräbnis einen Sarg aus purem Gold zu schmieden. Dieser Sarg sollte aus den erbeuteten Schätzen seiner Gegner angefertigt werden. Auch sollten ihm seine sämtlichen Schätze mit ins Grab gelegt werden. Der König ordnete auch den Ort an, an dem das Grab sein sollte. Er wollte in der Aldenrader Heide beim Kiebitzberg beerdigt werden.

Er verfiel in ein schweres Siechtum. Der Tod streckte seine Krallen nach dem heldenhaften Herrscher aus und schließlich verstarb der König.

So, wie es der König gewünscht hatte, schaufelten seine getreuen Gefolgsleute genau an der Stelle, die der König vorher bezeichnet hatte, ein tiefes Grab in den weichen, sandigen Grund.

In einer feierlichen Prozession trugen die tapfersten seiner Krieger den goldenen Sarg mit dem Verstorbenen zum Grabe. Ein Erstaunen ging durch die trauernde Menge, als sie den kunstvoll geschmiedeten Goldsarg des Herrschers sahen.

Schließlich ließ man den schweren Sarg in das sandige Grab hinunter. Zahlreiche Kostbarkeiten wurden dem Grab beigegeben. Es waren Erinnerungen an sein heldenhaftes Leben, Errungenschaften, die seine besiegten Feinde ihm als Tribut übergeben hatten. Die Beigaben bestanden aus goldenen Fibeln und Spangen, kostbaren Bechern und Ringen, aus Speeren und Beilen. Es gab prächtige Dolche, deren Griffe mit aufwendigen Verzierungen aus purem Gold und wertvollen Edelsteinen versehen waren. Auch prächtige Schwerter mit kunstvoll gestalteten Griffen, die einst die Machtsymbole seiner Gegner waren, gehörten zu dem Grabschatz.

Dann wurde das Königsgrab mit dem Sand der Heide geschlossen. Nun schworen alle getreuen Mannen, die ihren heldenhaften König seiner Heimaterde übergeben hatten, niemandem die Lage des Grabes mitzuteilen. Der verstorbene, von allen verehrte Herrscher sollte hier auf der Aldenrader Heide am Kiebitzberg für immer und ewig seine ungestörte Ruhe haben.

Jedoch geschah etwas sehr Merkwürdiges. Das Königsgrab blieb nicht für immer verschlossen. Alle zwölf Jahre, genau in der Johannisnacht, öffnet sich das Grab auf geheimnisvolle Weise. Ein Wanderer, der zufällig in dieser Nacht am Grabe vorbeikommt, kann, wenn er in das Königsgrab hinein blickt, die wertvollen Schätze im Mondlicht gleißen und blinken sehen. Wer aber in das Grab hinabsteigt, um sich gierig nach Reichtum den wertvollen Schätzen zu bemächtigen, der vertut sein Leben. Denn sobald er unten bei den Schätzen steht und nach den Reichtümern greift, lässt das Grab den losen Sand über den Frevler zusammenstürzen. Er wird lebendig begraben und erleidet den qualvollen Erstickungstod. Kommt aber jemand des Weges, der unverschuldet in große Not geraten ist, so ist es ihm erlaubt, soviel Güter dem Grab zu entnehmen, dass seine unverschuldete Not ein Ende findet. Sollte er aber auch der Gier nach Gold verfallen und sich mehr von dem Grabschatz nehmen, wie er zur Linderung seiner Not benötigt, so wird auch er dem Fluch des Grabes unterliegen und vom weichen Heidesand bei lebendigem Leibe verschlungen.

Eines Tages, es war in der Johannisnacht und ist noch gar nicht lange her, ging ein Mann durch die Heide. Es war der Bauer Derk vom Werthof. Er war auf dem Weg zu seiner Schafherde, um ein krankes Tier nach Hause zu holen.

Plötzlich glaubte er seinen Augen nicht zu trauen. Nicht weit von dem Pferch, in dem seine Schafe standen, sah er wahrhaftig das geheimnisvolle Königsgrab im hellen Mondschein liegen. Sofort erinnerte sich der Bauer an die alten Geschichten, die über dieses Grab erzählt wurden. Er wusste, dass der Legende nach zahlreiche Schätze in diesem Grabe sein sollten. Aber er kannte auch die Geschichte um den Fluch, der jeden, der sich voller Gier reichlich bedienen will, mit dem Tode bestraft. Nur die, die ohne eigenes Verschulden in große Not geraten waren, durften sich etwas von dem Gold und Geschmeide nehmen.

Der Bauer Derk ging zu der Gruft, die sich vor ihm aufgetan hatte. Tatsächlich lagen dort unten, direkt vor seinen Füßen, unermessliche Schätze.

Bauer Derk hatte im Frühjahr einen großen Teil seines Viehbestandes eingebüßt. Viele seiner Schafe und Kühe waren im plötzlich ansteigenden Emscherhochwasser ersoffen. Er beschloss, sich deshalb einen Gegenstand aus dem Grabe zu nehmen. Derk wollte nur soviel, dass er seine Herden wieder auf den alten Stand bringen konnte. So stieg er, mit festem Willen, nicht der Gier nach Gold und Silber zu verfallen, in das Grab hinab. Zögerlich und voller Ehrfurcht griff er nach einem der vielen Goldbecher. Damit konnte er den entstandenen Schaden wieder ausgleichen. Er steckte den wertvollen Becher in seine Rocktasche und wollte das Grab wieder verlassen. Als er aber die Pracht der unermesslichen Reichtümer um sich herum sah, wankte sein Vorsatz, nicht der Gier zu verfallen für einen Augenblick. Dennoch blieb Bauer Derk standhaft. Er machte sich daran, das Grab wieder zu verlassen. Da erblickte er direkt vor sich, am

Kopfende des Sarges, einen goldenen Ring. Dieser funkelte so herrlich, dass der Bauer seinen Blick nicht abwenden konnte. Erneut wurde er von der Gier nach dem Golde erfasst. Dieses Mal gab er der unwiderstehlichen Gier nach und griff nach dem prächtigen Ring.

Plötzlich hörte er eine dunkle, gar schauerliche Stimme, die tief aus dem Grabe erscholl und ihm durch Mark und Bein fuhr:

„Derk! Derk! Lot stoon! Lot stoon!
Sös kas dou ni mehr no buten goon!"

Ein schauderliches Grauen ergriff den Bauern. So schnell er konnte, entsprang er dem Grabe und rannte in größter Hast zu seinem Hof. Zu Hause angekommen, schloss er verängstigt die Türen hinter sich und begab sich in die Kammer. Dort fiel er entkräftet auf sein Bett und schlief sofort vor Erschöpfung ein.

Erst am Morgen des nächsten Tages erwachte er wieder. Ein grässlicher Alptraum hatte ihn die ganze Nacht über verfolgt. Immer wieder hatte er die unheimliche Grabesstimme gehört. Die Worte klangen ihm immer noch in seinen Ohren:

„Derk! Derk! Lot stoon! Lot stoon!
Sös kas dou ni mehr no buten goon!"

Nun war sich der Bauer nicht mehr sicher, ob er denn wirklich das Königsgrab gesehen hatte oder ob es alles nur ein schlimmer Alptraum gewesen war. Er vermochte es nicht, Traum und Wirklichkeit auseinander zu halten. Derk sagte sich selbst, dass es ein Traum gewesen sein muss. Dann aber zweifelte er wieder daran und glaubte, dass er wahrhaftig im verwunschenen Grab gestanden und all die prächtigen Schätze erblickt hatte. Oder war es doch nur ein Traum gewesen? Immer neue Zweifel stiegen in ihm auf.

Da musste er an den goldenen Becher denken, den er sich genommen hatte. Sofort verließ er das Bett und ging zu seinem Rock. Aufgeregt durchsuchte er die Rocktaschen. Als er schließlich den Goldbecher aus einer der Taschen emporzog, wurde ihm klar, dass er nicht geträumt hatte, sondern wirklich im verwunschenen Grab gewesen war. Ihm wurde bewusst, dass er, Bauer Derk, das Glück hatte, als aller erster das alte Königsgrab zu finden, das Grab, welches schon viele Menschen vergeblich in der Aldenrader Heide gesucht hatten. Er wusste aber auch das Glück zu schätzen, aus diesem verfluchten Grab lebendig heraus gekommen zu sein.

Derk spannte seine Pferde vor den Wagen und machte sich auf in die benachbarte Stadt. Dort eilte er zum ansässigen Goldschmied. Dieser staunte nicht schlecht, als er den wertvollen Becher aus purem Gold sah. Der Goldschmied wollte natürlich sofort wissen, woher ein Bauer einen solch prunkvollen Becher hat. Derk aber verschwieg die Herkunft des Goldbechers. Nachdem ihm der Goldschmied eine stattliche Summe Geld für den Becher gegeben hatte, kaufte sich Derk wieder einige Kühe und einige Schafe. Bald stand wieder genauso viel Vieh in seinem Stall, wie vor dem Emscherhochwasser im Frühjahr.

Immer wieder wurde Bauer Derk vom Werthof gefragt, wie er an diesen wertvollen Becher gekommen sei. Schließlich gab er preis, dass er in der Johannisnacht das geheimnisvolle Königsgrab entdeckt hatte. Er verriet aber niemandem, wo in der Heide dieses Grab lag.

Lange Zeit später entschloss sich Derk, noch einmal zum Kiebitzberg zu gehen, um die Stelle wieder zu finden, wo das Grab war. Als er aber am Kiebitzberg stand, schien es, als habe er die Orientierung verloren. Er konnte sich beim besten Willen nicht mehr an die Stelle erinnern, an der er in das prachtvolle Grab hinabgestiegen war.

Seit dieser Zeit hat es viele Menschen in der Johannisnacht in die Aldenrader Heide gezogen, alle auf der Suche nach dem Grab. Doch bis zum heutigen Tage soll es keinem mehr beschieden gewesen sein, das offene Königsgrab zu finden und die unermesslichen Schätze im hellen Mondschein so prächtig gleißen und blinken zu sehen.

*   *   *

Die nachlaufenden Fässer

Es war einmal ein Bauer in Aldenrade, dem sein Hof und sein Land nicht groß genug erschien. So sparte er lange Jahre mit viel Umsicht und Fleiß genug Taler in seinen Sparstrumpf, um sich endlich nach einem größeren Hof umsehen zu können. Unweit seines alten Hofes wurde ihm auch bald schon ein größeres Besitztum angeboten. Dieses Besitztum hatte saftige Wiesen und fruchtbare Äcker. Es war genau das, wonach der Bauer gesucht hatte. Um den neuen Hof zu erwerben, verkaufte der Bauer seinen alten und legte noch den gesamten Inhalt seines Sparstrumpfes darauf. So reichte es denn genau aus, das neue Gehöft zu bezahlen und der Kauf wurde besiegelt.

Nun stand für den Bauern, seiner Familie und seinem Gesinde der Umzug an. Die Fuhrwerke wurden angespannt und alles Hab und Gut vom Hof, aus dem Haus, dem Stall und der Scheune wurden aufgeladen. Der Bauer wies einen seiner Knechte an, die leerstehenden Fässer aus der Scheune zu holen und seiner Ladung beizufügen. Schließlich sollte die Bäuerin im kommenden Herbst wieder Bohnen, Kappus und Stielmus einmachen und dazu brauchte sie die Fässer. Der Knecht fuhr seinen Karren in die Scheune und lud, wie ihm befohlen, die Fässer auf. Der Karren aber war bereits so voll gepackt, dass, als der Knecht mit dem Gespann anfuhr, die Fässer krachend und polternd herunterfielen und wieder nach hinten in die Scheune rollten. Der Knecht ärgerte sich darüber, denn er hatte sich die schwere Arbeit des Aufladens nun gänzlich umsonst gemacht. Da packte ihn der Unmut und er rief wütend:

„Was habe ich doch für eine Last mit den alten und wertlosen Fässern! Ich werde sie nicht noch einmal aufladen. Soll der Teufel sie holen. Die Bäuerin kann zusehen, wo sie neue Fässer herbekommt!"

Dann fuhr der ganze Tross zum neuen Gehöft und dort gingen die anstrengenden Umzugsarbeiten weiter. Es wurde spät und abends gingen die Bauersleute und alle Knechte und Mägde erschöpft zu Bett. Dann aber, mitten in der Nacht, wurde der Bauer durch ein lautes Gepolter wach. Dieses Geräusch kam vom Hof und von der Scheune. Da sagte der Bauer zu seiner Frau:

„In unserem neuen Heim scheint es nicht sicher zu sein. Es hört sich an, als wenn jemand deine leeren, hohlen Fässer über den Hof rollt. Wer aber sollte so etwas tun? Ich werde nachsehen, ob es Diebe sind, die unser Hab und Gut stehlen wollen."

Der Bauer lief hinaus auf den Hof. Nirgendwo war jemand zu entdecken. Dann aber sah er, dass die leeren Fässer vor der Scheune waren und wie von Geisterhand immer wieder gegen das geschlossene Scheunentor rollten. Der Bauer war sich darüber klar, dass sein Knecht für diesen Lärm verantwortlich war, denn dieser sollte die Fässer doch in die Scheune räumen. Verärgert ging der Bauer zum Knecht und weckte ihn.

„Warum hast du nicht das mit den alten Fässern gemacht, was ich dir aufgetragen hatte?" wollte er vom Knecht wissen.

Da gab der Knecht zu, dass er die Fässer nicht mitgenommen hatte. Jetzt verstand der Bauer die Welt nicht mehr. Wie um alles in der Welt sind die Fässer dann vom alten zum neunen Bauernhof gekommen? War das Zauberei?

Die Bauersfrau aber wusste genau, wie die Fässer hierher gekommen waren. Die Fässer hatten den Weg ganz alleine zurückgelegt und waren ihren Besitzern nachgelaufen. Die Bäuerin wusste auch, dass sie das ihren Hausgeistern zu verdanken hatte. Sie war immer gut und freundlich zu den Geistern gewesen. Deshalb hatten sich die Geister auch immer sehr hilfsbereit und fleißig gezeigt und manchmal sogar insgeheim ihre Hausarbeit verrichtet. Zum Dank dafür, dass die Hausgeister ihr die Fässer nachgebracht hatten, stellte sie den liebenswürdigen Helfern eine Schale mit Grütze und einen Krug mit Bier neben den Herd.

*   *   *

Das Vogelmännchen vom Kaiserberg

August Thiel, war der Mann, der als Vogelmännchen vom Kaiserberg bekannte wurde. Diese Erzählung stammt aus der ersten Hälfte des letzten Jahrhunderts. Die Geschichte ist eine Abschrift des Originals, so, wie es in den alten Büchern geschrieben steht.

Wenn du von der Mühlheimer Straße zum Kaiserberg gehst, kommst du an einem kleinen Fischteich vorbei. Der ist im Sommer rundherum mit Schilf bewachsen. An einer Stelle ist eine überdachte Raststelle. Da kann man ruhig sitzen und die Fische beobachten. Am anderen Ufer des Teiches hat das Vogelmännchen sein Reich. Du merkst es schon, denn hier finden sich immerfort allerlei Vögel ein. In der Nähe des Teiches ist eine künstliche Grotte errichtet. Dort sitzt das Vogelmännchen. Es ist ein kleines, verhutzeltes Männchen mit einem langen Rock und einem breiten Hut. Eigentlich heißt er August Thiel. Aber er wird allgemein nur das Vogelmännchen genannt; diesen Namen trägt er mit Recht. Jeden Morgen kommt er zum Kaiserberg, um die Vögel zu füttern. Das sind seine kleinen Freunde. Auf einer Bank hat er Dosen und kleine Kästchen aufgestellt. Darin ist Vogelfutter der verschiedensten Art: Mehlwürmer, Maden, Raupen, Samenkörner und Brotreste. Das alles hat er fein säuberlich ausgelegt. Wenn es regnet, spannt er einen alten Regenschirm auf, damit das Futter nicht nass wird, denn die Vögel können nasses Futter nicht vertragen. Sie werden dann leicht krank. Und nun kommen die Vögel immerfort angeflogen und holen sich, was sie mögen. Da kommen Kohlmeisen, Spechtmeisen, zierliche Buchfinken, Rotkehlchen, Rotschwänzchen, Baumläufer und noch verschiedene andere unserer kleinen Sänger. Ohne

Furcht fliegen sie ab und zu und holen sich das Futter sogar von der Hand ihres Beschützers. Sie machen sich selbst die kleinen Blechdosen auf und holen das Futter heraus. Auch Eichhörnchen laufen fortwährend hin und her. Unter den Steinen liegen Nüsse. Das wissen sie, holen eine nach der anderen, knacken sie auf und holen eine neue. Das ist ein rechtes Vogelparadies. Wer die Vögel aus der Nähe beobachten will, der muss sich hier eine Weile aufhalten. Aber ganz ruhig muss man sein, sonst werden die Vögel verscheucht. Mann sieht hier immer Kinder und Erwachsene stehen, welche ihre Freude an den kleinen Vögeln haben.

Auch in dem Teich und im Schilf gibt es manches zu sehen. Da sind Goldfische der verschiedensten Größe und Art. Wasserhühner laufen ganz ohne Furcht über die großen Blätter der Seerosen dahin. Auch Spatzen gibt es hier in Menge. Sie dürfen aber nicht näher herankommen, sondern müssen sich immer in einiger Entfernung halten. Die können sich ihr Futter selbst suchen. Sie sind dreist und frech und würden den Sängern nur ihr Futter wegnehmen.

Wenn es viele Menschen unserem Vogelfreunde nachmachen wollten, dann wäre für die kleinen Vögel gut gesorgt. Dann brauchten sie im Winter keine Not zu leiden. Dann würden sich auch noch viel mehr Vögel bei uns aufhalten. Mache es unserm Vogelmännchen nach! Die kleinen Sänger werden gewiss dankbar sein.

*   *   *

Der Laarer Junge

Wenn die Rheinschiffer am Ufer des Duisburger Stadtteils Laar vorbeischippern, sehen sie oben auf der Frontseite eines der Häuser einen merkwürdigen Gesellen. Es ist ein Junge, der auf einem Sockel sitzt und ihnen fröhlich zuwinkt. Allerdings ist dieser Junge eine Steinfigur, deren Entstehung auf einer sehr traurigen Geschichte beruht. Früher winkte diese Figur vom Hausdach eines alten Hauses an der Rheinstraße 54 herab. Seit wann der Laarer Junge dort oben saß, weiß niemand mehr genau. Manche alteingesessene Laarer sagen, dass nach den Überlieferungen ihrer Ur-Urgroßeltern der steinerne Junge schon Ende des neunzehnten Jahrhunderts dort gesessen hat. Andere hingegen wollen wissen, dass die Figur erst Anfang des letzten Jahrhunderts dort aufgestellt wurde. Im Jahre 1987 wurde das alte Haus abgerissen. Der steinerne Junge wurde aber vorher vom Dach entfernt. Da der Zahn der Zeit an die Figur genagt hatte und deren Zustand nicht mehr der beste war, wurde sie restauriert. Danach brachte man sie an ihren jetzigen Platz an, die Giebelfront des Gebäudes an der Deichstraße 50. Von dort aus winkt der Junge von seinem steinernen Sockel auch heute noch allen vorbeifahrenden Schiffen zu.

Woran sich die älteren Laarer Bürger aber noch genau erinnern, das ist die Entstehungsgeschichte dieser Figur. Einer der Kapitäne, die damals den Rhein auf- und abschipperten, hatte einen Sohn. Natürlich war dieser Sohn der ganze Stolz des Vaters. Der Kapitän wollte, dass sein Junge, genau wie er selbst, später einmal ein Kapitän der Rheinschifffahrt wird. Dieser Wunsch schien sich zu bestätigen, als der stolze Vater bemerkte, welche Begeisterung sein Sohn bereits in jungen Jahren für die Schifffahrt aufbrachte. Wenn es dem Jungen eben möglich war, dann verbrachte er seine Zeit damit, im Ruhrorter Hafen herum zu streunen. Er konnte sich an den vielen Schiffen, die teilweise von sehr weit her kamen, überhaupt nicht satt sehen.

Jedes Mal, wenn sein Vater, der Kapitän von seinen Fahrten nach Hause kam und in Ruhrort festmachte, stand sein Sohn bereits an der Hafenmole und winkte dem Vater zu. So kam es, dass der erste Blick des Kapitäns immer seinem winkenden Jungen galt. Eines Tages aber, als der Schiffer wieder im Heimathafen anlegte, suchte er vergeblich nach seinem winkenden Sohn. Stattdessen wartete seine Frau auf ihn. Als der Kapitän das traurige Gesicht seiner Frau sah, wusste er sofort, dass etwas Schlimmes geschehen sein musste.

Er erfuhr, dass sein geliebter Sohn durch ein tragisches Unglück ums Leben gekommen war. Was damals genau passiert ist, das weiß heute keiner mehr. In seiner Trauer ließ der Kapitän die Steinfigur des Jungen anfertigen. So sollte die Erinnerung an seinen Sohn für immer wach bleiben.

Die Familie des Kapitäns war bei den Laarer Bürgern sehr beliebt. Deshalb blieben einige von ihnen sonntags, nach dem Kirchgang, vor dem Haus an der Rheinstraße stehen und beteten für die Familie. Dabei waren ihre Blickte auf die Steinfigur des Jungen gerichtet, der hoch oben auf dem Dach saß und winkte. Nach und nach schlossen sich immer mehr Kirchgänger zusammen, um sonntags vor dem Haus der Kapitänsfamilie zu beten und bald war der sonntägliche Gang zur Rheinstraße eine Tradition geworden. In den Jahren des ersten Weltkrieges wurde diese Tradition unterbrochen, um aber Ende des Jahrzehnts wieder aufgenommen zu werden. Bis in die Mitte der zwanziger Jahre gehörte das Gebet unter der Steinfigur zum Ablauf des Sonntags. Doch die Bürger, die sich nach der Kirche dort hin begaben, wurden mit der Zeit immer weniger und bald schlief diese Tradition ganz ein.

Wenn man heute auf dem Rheindamm in Laar entlang schlendert und sein Blick auf den winkenden Jungen mit dem fröhlichen Gesicht wirft, dann kann man fast nicht glauben, dass die Entstehung dieser Figur einen so traurigen Anlass hatte.

*　　*　　*

Die ungerechte Hexenbeschuldigung

Einst trug sich in Meiderich eine gar gemeine Geschichte zu, eine Geschichte, die von boshaften, hexengläubigen Weibern handelt.

Da hatten doch mit einem Mal die Kinder aus der ganzen Nachbarschaft eine recht merkwürdige Krankheit bekommen, das heißt, eigentlich war es keine richtige Krankheit, sondern eine Veränderung in ihrem Aussehen. Die Kinder bekamen eine rötliche Hautfärbung in ihrem Antlitz. Teile des Körpers und vor allem das ganze Gesicht war über und über mit hässlichen Hautausschlägen, schäbigen Fieseln und eitrigen Pusteln übersät. Sie getrauten sich schon fast gar nimmer unter die Bürger zu gehen. Auch ihre Eltern waren verzweifelt ob dieser Seuche, die keiner kannte. Große Sorgen plagten sie.

Da beschlossen sie, nach Gerresheim zu fahren, um dort vom Gerritz – Pützke Rat einzuholen. Dieser gab ihnen ein Heilwasser mit, welches für so ein Zipperlein wohl gerade recht war. Zu Hause rieben die Eltern tagelang die Köpfe ihrer Kinder damit ein. Doch auch das heilende Wasser aus Gerresheim wollte keine Linderung bringen.

Die erkrankten Kinder wurden mehr und mehr hinfällig und schwach, und die Verzweiflung der Eltern immer größer. Da sagten ein paar alte Weiber aus der Nachbarschaft, dass, wenn nicht mal das Heilwasser aus Gerresheim half, es sich nur um eine Hexerei handeln könnte. Man müsste nur heraus finden, wer solcher schwarzen Hexenkünste fähig war. Und bald schon hatte man den Schuldigen gefunden.

In der Nachbarschaft wohnte ein junges, sehr hübsches Mädchen, welches von der Seuche verschont geblieben war. Es hatte keinen Ausschlag, keine Frieseln und keine

Pusteln. Da war den alten Weibern sofort klar, dass das Übel in der Familie des Mädchens zu suchen sei. Natürlich wussten die Alten, wie man einer solchen Hexe beikommen konnte und man fasste einen Plan. Es war ein Plan, mit dem man die Hexe ausfindig machen konnte, eine sogenannte Hexensuchung. Dann war es auch möglich, sie dazu zu zwingen, den bösen Zauber rückgängig zu machen.

So warteten die alten Weiber, bis es abends stockfinster war. Dann schlichen sie leise und heimlich in den Gemüsegarten der Familie des hübschen Mädchens. Dort stahlen sie Blätter der Selleriepflanzen. Mit den Sellerieblättern gingen die Frauen dann in das Haus der ältesten von ihnen. Dort stellten sie sich um den Herd auf und kochten in einem großen irdenen Gefäß Milch. Als die Milch sprudelte und spritzte, taten sie die abgerupften Sellerieblätter hinein und ließen sie so lange in der Milch kochen, bis sie weich waren. Dann nahmen die Alten ein geschärftes Messer zur Hand und zerschnitten damit das kochende Wasser mit den Blättern kreuz und quer. Mit diesem Ritual, so glaubten sie, könne man die Hexe dazu bringen, ihre böse Tat zu gestehen und den Zauber wieder rückgängig zu machen. Die Hexe würde jeden ihrer Schnitte in den Sellerie schmerzhaft am eigenen Leibe verspüren.

Tags drauf sah man das junge, hübsche Nachbarmädchen auf der Straße laufen. Nichts deutet darauf hin, dass ihm etwas zugestoßen sei. Es wirkte gesund und munter wie immer. Nach einigen Tagen stellten die Nachbarinnen fest, dass eine Linderung bei ihren Kindern festzustellen war. Nach und nach besserte sich die Krankheit und die Kinder fühlten sich immer wohler. Sofort führten die alten, abergläubischen Frauen diese Besserung auf ihr Hexenritual zurück.

Seit dieser Zeit begegneten sie dem jungen, hübschen Mädchen nur mit Gram und Verachtung. Keiner sprach auch nur ein Wort mit ihr. So kam es, dass sie das Dorf Meiderich verlies und weit weg von ihrem Zuhause eine Stelle als Magd annahm.

*   *   *

Die historische Bedeutung einiger Straßennamen

Für die meisten Duisburger Bürger sind viele Straßennamen eine Selbstverständlichkeit. Über die historische Bedeutung dieser Straßennamen macht sich kaum jemand Gedanken. Wenn man aber in den alten Büchern, die über die Duisburger Stadtgeschichte berichten, stöbert, kann man dort sehr Interessante Details über die Entstehung einiger Straßennamen finden. Diese Geschichten führen uns zurück in das elfte, zwölfte und dreizehnte Jahrhundert. In dieser Zeit fanden die großen Kreuzzüge nach Kleinasien statt. Damals befand sich das Heilige Land im Besitz der Türken und das bereits seit vielen Jahrhunderten. Die Türken unterdrückten das Volk. Selbst die Pilger, die aus dem Abendland kamen, um die heiligen Stätten zu besuchen, wurden von den Türken böse schikaniert. Um das Land von den Türken zu befreien, zogen Ritter aus England, Deutschland und Frankreich nach Kleinasien. Alle diese Ritter hatten eines gemeinsam: Sie trugen ein rotes Kreuz als Symbol des Christentums auf ihrer rechten Schulter. Deshalb nannte man diesen Krieg auch die „Kreuzzüge'.

An diesen Kreuzzügen nahmen auch Ritter vom Niederrhein teil. Der erste, dieser Kreuzzüge fand im Jahre 1096 statt. Er wurde von unserem Herzog, Gottfried von Bouillon, angeführt. Er war der Herzog von Niederlothringen. Unter ihm eroberten die Ritter das Heilige Land. Später fiel es allerdings wieder an die Türken zurück. Viele Ritter hatten sich zu frommen Vereinigungen zusammengeschlossen. Das waren die berühmten Ritterorden. Sie pflegten kranke Pilger und Ritter. Als schließlich die Zeit der Kreuzzüge vorbei war, kehrten diese Ritterorden wieder in das Abendland zurück. Auch in Deutschland gründeten sie viele Niederlassungen. Man schrieb das Jahr 1150, als die Mitglieder des Johanniterordens nach Duisburg kamen. Der Name dieses Ordens wurde von Johannes dem Täufer abgeleitet. Man konnte die Mitglieder dieses Ordens daran erkennen, dass sie einen schwarzen Mantel mit einem weißen Kreuz darauf trugen. Damals bauten die Johanniter außerhalb der Stadtmauer ein Ordenshaus und eine Kirche. Sie nannten sie Marienkirche. Der Name des Marientors ist von dieser Kirche abgeleitet worden.

Im Jahre 1189 wurde von der Salvatorpfarre ein neuer Pfarrbezirk abgetrennt. Die Seelsorger dieser neuen Pfarre waren die Johanniter. Nun hatte Duisburg bereits zwei Pfarrbezirke. Der Orden erweiterte sein Gebiet und erwarb nahe der Duisburger Bauernhöfe einige Mühlen und Äcker. Der größte Hof war der Musfeldhof. Er lag nicht weit vom Grunewald entfernt. Den alten Duisburgern war er als Kampmannshof bekannt. Von der Stadt aus führten zwei Wege dorthin, der Musfelder Kirchweg und der Musfeldweg. Auf Grund der damaligen Ereignisse heißt der Musfelder Kirchweg heute Johanniterstraße.

Auch am Dickelsbach besaßen die Johanniter Mühlen. Ganz in der Nähe des Musfeldhofes lag die Herbergermühle. Sie lag direkt an der Straße, die auch von den Rittern mit ihren Heeren zur Zeit der Kreuzzüge benutzt wurde. Daher kommt der Name Heerstraße. In der Herbergsmühle kehrten viele vorbeistreifende Fremde und Kranke ein. Diese wurden von den Ordensbrüdern gerne verpflegt.

Jahrhunderte später, genauer gesagt im 18. Jahrhundert, gehörte diese Mühle einem Kaufmann namens Hardt. Deshalb wurde sie dann auch Hardts Mühle genannt.

Heute gibt es dort keine Mühle mehr und auch der Musfeldhof ist verschwunden. Man kann nur noch in den Stadtarchiven nachlesen, dass es sie vor vielen Jahren einmal gegeben hat. Das Einzige, was an diese alte Zeit erinnert, das sind die Straßennamen Johanniterstraße, Heerstraße und Musfeldstraße. Auch die Marienkirche, wie wir sie heute kennen, ist nicht mehr die, die von den Johannitern gebaut wurde. Im neunzehnten Jahrhundert wurde sie neu erbaut.

Wie erwähnt, besaßen die Johanniter damals in Duisburg viele Ländereien. So hatten sie auch außerhalb der Stadtmauer, zwischen dem Marientor und dem Kuhtor einige Gärten und Äcker. Dieses Land bildete dort eine Senkung, eine Mulde. Damals bezeichnete man so ein seichtes Tal als Delle. Sie nannten diese Vertiefung Pfaffental. Damals nannte man die heiligen Männer Papen (Papa = Papst). So kam es, dass das Pfaffental die Bezeichnung Papendelle bekam, ein heute noch allen bekannter Straßenname. Als irgendwann die Mauern niedergerissen wurden und die Stadt sich ausbreitete, wurde auch die Papendelle bebaut. Das ist der heutige Dellplatz.

Die Johanniter waren allerdings nicht der einzige religiöse Orden, der in Duisburg zu finden war, Im Jahre 1254 kamen die Deutschritter nach Duisburg. Von diesen Ordensrittern zogen viele in das alte Preußen, um es deutsch zu machen. Ihr Ordenshaus hatten sie in dem Melhof in Duisburg. Einer von diesen Rittern, er hieß Peter von Duisburg, hat ein Buch über diesen Orden geschrieben. Die Deutschritter wurden schließlich die Seelsorger der Salvatorpfarre, die bis dahin von den Mönchen von Prüm betreut worden war.

* * *

Das Taufwasser vom Heiligen Brunnen

Dies ist die Geschichte vom Heiligen Ludgerus, der vor langer Zeit in dem Kloster auf einer Insel in der Ruhr bei Werden lebte. Von dort aus unternahm er Wanderungen, um die Kunde des Christentums in alle Siedlungen, die sich in der weiten Umgebung um seiner Ruhrinsel befanden, zu verkünden. Eine dieser Wanderungen führte ihn nach Westen. Dort wollte er der überwiegend heidnischen Bevölkerung, die in dem ausgedehnten Gebiet diesseits des Rheines angesiedelt war, das Wort Gottes verkündigen.

So führte ihn der Weg eines Tages durch den Duisburger Wald. Dort machte er eine Beobachtung. Die heidnischen Germanen aus der gesamten Umgebung hatte sich um den Heiligen Brunnen versammelt. Ein heidnischer Priester, der in einem weißen Gewand gehüllt war, hatte seine Hände zum Himmel erhoben und sprach laute Gebete zu den Göttern. Dann senkte er die Arme und die umstehenden Menschen traten an ihn heran. Während der Priester weiterhin betete, schöpfte er das reine Wasser aus der Quelle und benetzte damit das Haupt und die Hände der Erschienenen. Als diese Zeremonie beendet war, setzte sich die Menschengruppe in Bewegung. Alle Mitglieder der heidnischen Gemeinde, allen voran der Priester mit dem weißen Gewande, stiegen in feierlicher Prozession hinauf zum Gipfel des Hömbergs. Dort brachten sie ihren Göttern ein Opfer da.

Der Heilige Ludgerus, der diese Handlungen beobachtet hatte, blieb in einem Verstecke. Er getraute sich nicht, diese heidnische Zeremonie zu stören. Es würde nur böses Blut geben. So machte er sich betrübt wieder auf den Heimweg zu seinem Kloster. Er stellte sich die Frage, wie man diesen Heiden das Christentum nahe bringen konnte. Ludgerus wusste, wie fest der Glaube an den germanischen Göttern in der Bevölkerung verwurzelt war. Überall erzählte man von den Heldensagen dieser Götter. Es würde ein Schweres sein, die Heiden zu bekehren. Da fasste der Heilige Ludgerus einen Entschluss. Er wollte den Germanen die Biblische Geschichte so erzählen, als wäre Jesus und seine Apostel genau so heldenhaft, wie die germanischen Götter. So zog er denn regelmäßig in den Duisburger Wald zum Heiligen Brunnen. Dort predigte er von dem mächtigen Heiland. Die heidnische Bevölkerung hörte solche Geschichten gerne und so kam es, dass es immer mehr Menschen gab, die sich diese Predigten anhörten. Nach und nach verehrte fast die gesamte Bevölkerung des Duisburger Waldes und des weiten Gebietes diesseits des Rheines den von Ludgerus gepriesenen Gott der Christenheit. Er taufte die Germanen mit dem reinen Wasser aus der Quelle, die am Heiligen Brunnen sprudelte. Es war für die Bevölkerung eine wahrlich vertraute Zeremonie, wenn auch im Glauben an einen anderen Gott. Nach der Taufe stiegen die Gläubigen auf den Gipfel des Hömbergs, um ein Opfer zu bringen, genau so, wie sie es schon früher getan haben. An die Stelle des heidnischen Tieropfers trat allerdings das heilige Messopfer.

Schließlich begann man in Duisburg mit dem Bau der Salvatorkapelle. Als diese errichtet war, wurden dort sämtliche Taufen vollzogen. So konnte man die manchmal widrigen Launen des Wetters, welche die Taufen am Heiligen Brunnen oft grausig gestört haben, umgehen. Das Taufwasser wurde aber weiterhin von dem am Heiligen Brunnen entspringendem Quell geholt, da es als besonders rein galt. Einmal in der Woche wurden alle Kinder, die in dieser Woche geboren waren, getauft. So musste einen Tag vor der Taufe ein Messner in den Duisburger Wald gehen, um in einem großen, irdenen Krug das reine Quellwasser des Heiligen Brunnens zu holen.

Eines Tages griffen räuberische Horden die Stadt an. Es waren Normannen. Da die Stadt eine gute Feste war, wurden die Normannen zurück geschlagen. Ihnen bot sich nicht die Möglichkeit, die starken Mauern der Stadt zu bezwingen. So belagerten die Normannen Duisburg von allen Seiten. Diese Belagerung dauerte lange Zeit, da die räuberischen Horden hofften, die Stadt doch noch erobern und plündern zu können.

Nun konnte keiner mehr die Stadt verlassen. So war es auch den Messnern nicht mehr möglich, zum Heiligen Brunnen zu gehen, um das reine Taufwasser zu holen. Da fassten die Duisburger einen Entschluss. Sie gruben einen unterirdischen Gang, der von der Salvatorkapelle bis zum Heiligen Brunnen reichte. Alle Täuflinge mussten so lange warten, bis der Stollen gegraben war. Als die schweren Erdarbeiten beendet waren, und der Gang nun bis zum Quell führte, musste der Messner oft hin- und herlaufen, und viele große Krüge mit Taufwasser herbeischaffen. Da durch die lange Bauzeit des Stollens viele Täuflinge auf ihre Taufe warteten, wurde in der Stadt ein riesiges Tauffest gefeiert. Der Messner und seine Begleiter zog durch die Stadt und besuchte die Tauffeiern der Bürger in ihren Häusern. Und überall, wo er erschien, da musste er von seinen abenteuerlichen Gängen durch den geheimen Stollen erzählen.

Die räuberischen Normannen vor den Stadttoren zogen lange noch nicht ab. Erst als ein großer Bischof aus Mainz und ein mächtiger Herzog aus Franken mit einer großen Heeresmacht kamen, um die Normannen zu vertreiben, wurde die Belagerung aufgelöst. Die

Normannen setzten ihre Lager vor der Stadt in Brand und verließen das Gebiet.

Da der unterirdische Gang nun nicht mehr von Nöten war, verfielen mit den Jahren die Eingänge. Der geheime Stollen geriet nach und nach in Vergessenheit und heute weiß niemand mehr, wo genau dieser Gang verlief.

*   *   *

Die weise Frau von Huckingen

Einst wohnte in Huckingen eine Frau, die von den Huckingern „die weise Frau" genannt wurde. Sie hatte die Gabe, anderen Menschen Schmerzen wegzunehmen. Diese Heilungen und Linderungen vollzog sie durch Besprechen der Leidenden. Man sagte, die weise Frau hatte die Gabe, „de Ping afftonehme", die Pein abzunehmen.

So geschah eines Tages folgende Geschichte: In der Nachbarschaft hatte man geschlachtet. Während alle eifrig mit dem Wursten beschäftigt waren, achtete keiner auf das Kind, welches in der Wurstküche spielte. Da fiel das Kind bei einer Unachtsamkeit hinterrücks in die Wanne mit dem heißen Wasser. Die Schmerzensschreie des Kindes gingen allen durch Mark und Bein. Eine Frau nahm beherzt das weinende Kind auf den Arm und rannte, so schnell sie nur konnte, zum Haus der weisen Frau. Das Kind wurde von der weisen Frau sofort auf den Boden gelegt. Es weinte immer noch laut vor Schmerzen. Dann trat sie ganz dicht an das Kind heran und blickte ihm fest und tief in die Augen. Nun begann die Frau damit, eine Besprechungsformel zu murmeln. Diese Formel hatte folgenden Wortlaut:

„Brand im Gebein,
gelöst sollst du sein!
Leid, Schmerz und Wehe
in einem vergehe!
Aus dunkler Truhe
Nimm Schlaf jetzt und Ruhe!"

Jäh wurde das Kind ruhig. Die argen Schmerzen, die es erlitten hatte, waren mit einem Mal verschwunden. Die verzweifelten Eltern des Kindes waren nun glücklich darüber, dass ihr Kind von der Pein befreit war. Sie fragten die weise Frau, wie sie ihr für diese gute Tat wohl danken könnten, doch die Frau mochte keinen Dank. Da wollten sie der weisen Frau als Belohnung eine stattliche Summe Geld überreichen, doch diese nahm das Geld nicht an. Schließlich brachte sie der Heilerin als Dank Schinken und Eier. Diese Gabe allerdings verschmähte die weise Frau nicht.

Die Frau war überall in Huckingen hoch angesehen. Nur die Kinder machten sich Späße daraus, sich über die weise Frau lustig zu machen, weil sie mehr können wollte, als es der Doktor vermochte. Wenn die Frau über die Straße ging, dann liefen oft einige Kinder hinter ihr her und sangen Spottverse. Einer davon ging so:

> „Zahnweh, Kopf- und Ohrenschmerzen
> heilt sie ohne Opferkerzen.
> Medizin sie nie verschreibet,
> doch den Ausschlag sie vertreibet.
> Gicht und Rheuma kann sie bannen.
> Warzen schickt sie leicht von dannen,
> Hühneraugen hinterher
> und Brandblasen und noch mehr.
> Krämpfe, Schlicks und Sommersprossen
> eilen fort auf Zaubersprossen,
> blickt die weise Frau dich an,
> die `de Ping affnehme´ kann."

Die weise Frau aber lächelte über solche Neckereien und machte sich nichts daraus. Wusste sie doch, dass selbst der Doktor, der damals mit einer Droschke aus der benachbarten Stadt kommen musste, ihr die Besprechungen nicht übel nahm. Schließlich hatten die

Kranken und Verletzten, dank der weisen Frau, bis zum Eintreffen des Doktors keine Schmerzen mehr und konnten so in Ruhe und Geduld ausharren.

*   *   *

Die tödliche Flut

Auf uralten Flurkarten des heutigen Duisburger Stadt-
gebiets findet man noch die Ortsbezeichnungen Halen
und Lindecum. Demnach lag Halen einst dort, wo heute
auf der linken Rheinseite die Pfeiler der Homberger
Brücke stehen.
In einer alten Sammlung Niederrheinischer Legenden
findet man folgende Geschichte:
Vom Dorf Halen, ein Kirchdorf mit einer prächtigen
Kirche, die sogar zwei Türme gehabt haben soll, das
einst unterhalb Hombergs am linken Ufer des Rheines
lag, erzählt man, dass es in einer Nacht mitsamt einigen
Nachbarorten im Jahr 1583 von den Fluten des Rheins
hinweg gespült worden sei. Was die Ursache dazu war?
Manche sagen, dass es den Leuten zu wohl ging, dass
sie zu sehr auf ihre eigene Kunst und die starken Dämme
gebaut und den Herrgott vergessen hätten. „Wir wollen
uns lieber auf unsere Deiche als auf Gottes Wort
verlassen", antworteten sie dem Priester.
Damals hatte der Rhein nach großen Fluten oft sein Bett
verändert. Immer wieder waren dabei große Landstriche
überschwemmt worden. Die Dorfbewohner hatten schon
vergessen, dass vor langer Zeit eine schlimme Rheinflut
viele Tote gefordert hatte und dass dadurch der Strom
sich so verlagert hatte, dass Halen plötzlich linksrheinisch
lag.
Aber als die Bewohner sich auf die Deiche verlassen
wollten, vergaßen sie mehr und mehr, sie in Ordnung zu
halten. Der Leichtsinn nahm zu. Die Deiche um den
Kirchsprengel Halen wurden immer löchriger. Bald waren
sie so breit, dass ganze Pferdefuhrwerke hindurch
passten. Dann brach eines Tages die Flut herein. Riesige
Wassermassen strömten heran und überfluteten weite

Strecken des Landes. Die Petrikirche von Halen stand hoch am Prallufer und die Menschen aus den tiefliegenden Häusern des Dorfes flüchteten in das Gotteshaus. Es soll in der Christnacht gewesen sein. Der Pfarrer stand vor dem Altar und flehte mit den Hilfesuchenden im gemeinsamen Gebet um Rettung aus der furchtbaren Not, doch die Fluten stiegen immer höher. Bald drang das Wasser durch die Türen in das Innere der Kirche ein. Dort hörte man die vom Sturm gepeitschten Wellen des tobenden Flusses mit mächtigen Schlägen gegen das Mauerwerk branden. Sie drohten das Gotteshaus, das letzte Bollwerk der Halener Kirchengemeinde, ins Verderben zu reißen. Als das Wasser in der Kirche immer höher stieg, drängten sich die Gläubigen auf dem Chor zusammen. Angeblich haben die Halener vor Wut dem Priester am Altar das Messer in die Brust gestoßen und im heiligen Gotteshaus wie die wilden Tiere gewütet, so lange, bis das furchtbare Verhängnis über sie dahin brauste. Ein schreckliches Gewitter setzte mit Blitz und Donner die von der Sturmflut bedrohten Menschen in noch größerer Furcht. Plötzlich ging ein woklenbruchartiger Regen über Halen nieder. Die Gebete waren verstummt und jeder horchte auf das Heulen des Windes. Ein greller Blitz zuckte nieder, dem ein höllischer Donnerschlag folgte. Die Türme der Petrikirche standen in Flammen. Sie stürzten ein und begruben die Menschen unter sich. Entsetzensschreie drangen aus den Trümmern. Geröll, Feuer und Wasser bereiteten den Menschen in Halen ein grässliches Ende. Niemand überlebte.

Und wie war es mit dem Dorf Lindecum? Du magst vergeblich nach der Ortschaft suchen, auf der Karte wie in der Landschaft draußen am Rhein. Lindecum ist nicht mehr, wie Halem nicht mehr ist. Der Bauer Wolters feierte Hochzeit mit der Tochter eines reichen, aber gottlosen Bürgers. Es ging hoch her, so dass man alle Gefahr vergaß, denn es war gegen Ende des Winters, und schon seit Tagen stiegen die Fluten, und es pochten die Eisschollen gegen die Tore und Mauern. Als das Fest zum Höchsten gestiegen war, vermischte sich das Getöse der Fluten mit dem Aufschrei der Bürger, aber schon war es zu spät. Einzig der Bauer Wolters und sein junges Weib entkamen, weil der Hof auf einem Hügel lag, alle anderen starben in den Wellen. Als es Morgen ward, sah der Bauer da, wo einst blühende Höfe und Dörfer mit stolzen Kirchen lagen, nichts als die gelbe strömende Flut.

In manchen stillen Tagen, wenn sich in den Buchten des Rheins das Wasser kaum bewegten, hörte man aus der Tiefe ein Glockenläuten und meinte, im klaren Wasser auf dem Grund die Ruinen von Kirchen und Häusern zu erkennen. Mittlerweile haben die Schlammmassen des Rheines die Ruinen von Halen vollends unter sich begraben, aber das Leuten der Glocke, die noch immer auf dem Grund des Stromes verborgen ist, soll man an manchen Tagen immer noch schlagen hören.

*   *   *

Die Irrlichter im Horsterbruch

Ein fauler und habsüchtiger Bauer aus Hamborn sah neidvoll, dass die Felder seines fleißigen und ehrbaren Nachbarn reiche Früchte trugen. In seiner Missgunst fasste er den boshaften Plan, dessen reifstes Kornfeld in einer warmen Nacht im Juli in Brand zu stecken. Als der vorgesehene Tag gekommen war, lag er bereits lange vor dem Untergang der Sonne tief versteckt in dem Getreidefeld des beneideten Nachbarn. Die Uhr des Kirchturms schlug zwölf Mal in der Mitternacht, da griff der neidische Bauer zu Stein und Schwamm, schlug Feuer und häufte eine Menge dürrer Blattschneiden des Korns darauf. Schnell züngelte eine hohe Flamme auf und entfachte ein mit Windeseile um sich greifendes Feuer. Der Brandstifter eilte von der Stätte seiner Übeltat fort und verbarg sich am Rande eines kühlen Sumpfes, der in der Nähe des brennenden Kornfeldes mitten im Horsterbruch lag. Von dort aus beobachtete er mit Schadenfreude, wie auch die letzte Ähre des Korns zu Asche verbrannte. Dann erst begab er sich, erfüllt von teuflischer Freude, auf den Heimweg. Doch von dem langen Starren in die Glut des Feuers waren seine Augen wie geblendet, sodass er den rechten Weg zu seinem Hof verfehlte. Der Mond war plötzlich hinter einer dunklen Wolkenwand verschwunden. Blitze zuckten vom schwarzen Himmel nieder und warfen gespenstige Lichter über Sümpfe und Teiche im Horsterbruch. Ein heftiger Sturm kam auf und trieb ihm die Asche des verbrannten Getreides ins Gesicht. Dann entstiegen kleine Lichter den Sümpfen und Teichen und tanzten vor ihm auf und nieder. Ihr Wiegen und Tanzen ließ ihn schwindelig werden, sodass er bald hin und her zu schwanken begann, als ob er betrunken wäre. Immer mehr verirrte er sich im Horsterbruch. Schließlich stürzte er in eines der versumpften Wasserlöcher. Da gab es keine Rettung mehr. Er musste jämmerlich ersticken und ertrinken. Von jetzt an war er dazu verflucht, ebenso wie alle anderen Frevler in den Feldern des Horsterbruchs nachts als Irrlicht umherzugehen.

Kehrten in alten Zeiten die Eltern mit ihren Kindern am Abend aus Hamborn von der Feldarbeit heim, dann verhielten sich alle ganz still, wenn sie am Horsterbruch vorübergingen. Bei klarem Wetter konnte sie dann in der Ferne die Irrlichter über den Teichen und Sümpfen auf- und niedertanzen sehen. Dann erzählten sie ihnen die Geschichte von dem faulen und habgierigen Bauern, der das Feld seines Nachbarn in Brand gesetzt hatte. Die Kinder sagten dann: Do sind die Bru-uk-Lämpkes." Und quakten die Frösche, dass erzählten die Eltern von dem „Bru-uk-Pädden", in die jene Bösewichte verwandelt worden waren, die einen Mord begangen hatten. Die Kinder sagten: „Wir hören sie rufen: Onken, Onken, hier sin ek verdronken, mot ömgohn, dat ek öm dohtgeschlohn."

*　　*　　*

Der böse Müller vom Schwelgernbruch

Es liegt viele hundert Jahre zurück, da durchquerte eine alte Zigeunerin mit einem von dürren Zossen gezogenen Karren die fast undurchdringlichen Wälder von Hamborn. Auf dem Karren lag ihr schwer kranker Sohn, für den sie Hilfe suchte. Bald lichtete sich der Wald und sie erreichten ein kleines Gehöft mit einer Mühle. Ein kleines Mädchen, welches die Zigeuner sah, rief sofort ihre Mutter. Daraufhin kam die Bäuerin aus dem Haus. Die alte Frau auf dem Karren blickte die Bäuerin flehend an und sagte: „Sohn so krank! Hilfe! Hilfe!" Die Bauersfrau sah sich den Kranken an und erkannte sofort, dass dieser unter einer schwere Lungenentzündung litt. Sofort rief sie nach ihren Knechten und Mägden, damit sie ein Strohlager in der Scheune herrichten. Die Bäuerin reichte dem Kranken einen Löffel mit gewärmten Öl. Dann legte sie Leinentücher, die mit einer Mischung aus Molke und Weichkäse bestrichen waren, über seinen Körper. Die alte Zigeunerin war glücklich, als sie sah, dass ihr Sohn sich beruhigte und schmerzfrei einschlief. Als die Bauersfrau erkannte, wie arg geschunden auch das alte Zigeunerweib war, wies sie die Mägde an, der Alten die wunden Füße zu baden, ihr Holzschuhe zu geben und ihr Brot und warme Milch zu reichen. Die Frau war von so viel Güte überwältigt. Sie legte sich neben ihren schlafenden Sohn, um sich ebenfalls auszuruhen. Lange hatte sie nicht gelegen, als der Müller, ein arg böser Mann, den Stall betrat. „Scher dich hinaus, Zigeunerpack! Hinunter von meinem Hof!" In dem Moment kam seine Frau und sagte: „Der Junge hat eine Lungenentzündung und wird sterben, wenn du ihn hinausjagst. Habe Erbarmen, Müller." Doch ihr Mann ließ sich nicht darauf ein und nahm seine Peitsche zur Hand. „Scher dich zum Teufel, Zigeunervolk! Diebesgesindel und Faulenzer dulde ich nicht auf meinem Hof!" Er riss das Scheunentor auf und ließ seine Peitsche auf die alte Frau und den schlafenden Jungen hernieder sausen. Die Alte schleppte ihren kranken Jungen zum Wagen, zog ihn darauf und machte sich von davon. Dann hielt sie den Wagen noch einmal an und sagte zum Müller: „Wüterich, höre, was ich verkündige. Du wirst kein reicher und glücklicher Müller und Bauer bleiben, denn deine Frau und dein Kind werden bald an deiner Bahre stehen. Deine Tage sind gezählt und Hof und Mühle werden verfallen, dass kein Stein mehr auf dem anderen steht." Dann zog die Frau durch den Schwelgernbruch davon. Ihr Sohn starb und sie begrub ihn unter einem Sandhügel. Ein Jahr später zog ein mächtiger Sturm über das Hamborner Land und riss die Haube und die Flügel der Mühle ab. Es folgte ein Rheinhochwasser, welches sämtliche Äcker und Weiden des Bauern überflutete, so hoch, dass das Vieh ertrank und dass die Wellen Haus und Hof einfach fortrissen. Der Müller konnte seine Familie und sein Gesinde mit einem Kahn in Sicherheit bringen, doch nun war er genauso arm, wie die Zigeuner. Er hatte nichts mehr, außer einen zerstörten Teil seines Schuppens. Als der Müller plötzlich erkrankte, bettete seine Frau ihn genau dort, wo der Zigeunerjunge gelegen hatte. Da hörte der Mann eine Zigeunergeige und hielt sich die Ohren zu, weil er dachte, dass der Tod ihn mit seiner Fiedel holen wollte. Als er nachts vom Geigenspiel erwachte, sah er den toten Zigeunerjungen vor sich, wie er die Fidel spielte. Es war aber der Tod, der ihm zuwinkte. Am Tage darauf fand seine Frau ihn tot auf einem Sandhügel liegen. Unter diesem Hügel neben der Bruchmühle in Schwelgern, fand er neben dem toten Zigeunerjungen seine letzte Ruhestätte.

*   *   *

Die Hexe von Schmidthorst

Die meisten Geschichten und Legenden haben einen wahren Kern. Diese alten Überlieferungen wurden von den Erzählern oft noch ausgeschmückt, manchmal so sehr, dass von den wahren Begebenheiten dieser Geschichte nur noch sehr wenig übrig blieb.

Ich habe vor einigen Jahren durch einen Zufall von einer Geschichte gehört, die ich zunächst als Hirngespinst einer alten Dame abstempelte. Doch das, was dann passierte, ließ mir einen kalten Schauer über den Rücken laufen. Diese ganze Geschichte war so unglaublich, dass ich es zunächst nicht wagte, sie jemanden zu erzählen, weil ich einfach Angst hatte, dass man mich für verrückt erklärt. Gewiss, ich glaube nicht an Gespenster und an alte Flüche, doch das, was vorgefallen war, machte mich sehr nachdenklich.

Ich möchte den Leser nun nicht weiter auf die Folter spannen und werde nun die geschehenen Begebenheiten genau so erzählen, wie sie sich zugetragen haben. Das, was ich nun erzähle, sind keine Hirngespinste. Es ist keine Geschichte, die meiner Fantasie entsprungen ist. Diese Geschichte entspricht der wahren Realität.

Es war im Jahr 1987. Im Duisburger Stadtteil Neumühl wurde eine neue Siedlung aus dem Boden gestampft, die sogenannte Eurobausiedlung. Diese Siedlung bestand aus Einfamilienhäusern, in denen überwiegend junge Familien ein neues Zuhause fanden.

Da meine Frau und ich schon lange davon träumten, ein eigenes Haus zu besitzen, entschlossen wir uns dazu, ebenfalls in dieser Siedlung ansässig zu werden. Bald waren alle Häuser fertig und die stolzen Besitzer waren eingezogen. Nur in der Mitte der Siedlung befand sich noch ein einziges, unbebautes Grundstück.

Als ich eines Tages damit beschäftigt war, Laub in meinem Vorgarten zu kehren, fiel mir eine ältere Dame auf. Sie schlenderte an den Häusern vorbei und blickte sich immer wieder nach allen Seiten um. Ein Spazierstock erleichterte ihr ganz offensichtlich das Vorwärtskommen. Direkt vor meinem Grundstück blieb sie stehen.

„So ist es recht, junger Mann", sprach die Dame mich an. „Immer schön fleißig Laub kehren."

Ich schaute sie an.

Mein Blick fiel auf ein, von Falten übersätes Gesicht. Nach meiner Schätzung dürfte die Frau bereits ein Alter von um die neunzig Jahre gehabt haben. Sie war schwarz gekleidet. Auf ihrem Kopf trug sie ein kleines, ebenfalls schwarzes Hütchen. Ihr Gesichtsausdruck strahlte Freundlichkeit und Wärme aus. Die Frau war nicht sehr groß und erschien durch ihre leicht gebückte Körperhaltung bestimmt noch kleiner, als sie eigentlich war.

Noch bevor ich irgendetwas sagen konnte, zeigte sie mit ihrem Stock auf die riesige Platane, die in meinem Vorgarten wächst.

„Als ich noch ein Kind war", sprach sie weiter, „da war der Baum schon fast so groß, wie jetzt. Auch die anderen Bäume waren schon so groß. Diese Bäume sind alle schon uralt."

Damit meinte die Dame die großen Platanen, die zahlreich in und um unserer Siedlung herum wachsen.

Nun erzählte sie mir, dass hier, wo jetzt unsere Häuser stehen, ganz früher einmal Zechenhäuser gestanden haben. Sie erzählte von einer Adolfstraße und einer Alfredstraße, die es hier einmal gegeben hat. Diese

Straßen existieren aber schon lange nicht mehr. Die alte Dame hat ihre Kindheit in einem Zechenhaus auf der Alfredstraße verbracht. Ich erfuhr, wie schön ihre Kindheit doch war und was für tolle Spiele sie als Kind immer gerne gespielt hatte.

Eigentlich wollte ich ja in meinem Vorgarten weiter arbeiten, doch die Frau plauderte ohne Unterlass. Ich bin ein höflicher Mensch und die Dame machte so einen lieben und gutmütigen Eindruck auf mich, dass ich es einfach nicht übers Herz brachte, sie in ihren Erzählungen zu unterbrechen. Ich merkte, dass es sie glücklich machte, ihre Geschichten zu erzählen, denn sie lächelte dabei. Anscheinend erzeugten die Erinnerungen an Damals Glücksgefühle in ihr.

Als die Frau sich schließlich wieder von mir verabschiedete, blickte ich ihr noch eine ganze Weile nach. Ich hatte das Gefühl, etwas Gutes getan zu haben, indem ich mir ihre Geschichten angehört habe.

Während ich mich schließlich weiter mit dem Laub in meinem Vorgarten beschäftigte, versuchte ich mir vorzustellen, wie es wohl früher hier ausgesehen hat. Ich wusste zwar schon vorher, dass hier einmal Zechenhäuser gestanden haben, doch solange ich zurück denken kann, war hier, wo nun die unsere Siedlung steht, immer eine große Brachfläche mit Wildwuchs gewesen. Auch von den Straßen, die es hier schon lange nicht mehr gab, hatte ich schon gehört.

Die Monate vergingen und ich hatte die Begegnung mit der alten Dame schon fast vergessen.

Mittlerweile begann man damit, das letzte freie Grundstück, welches mitten in unserer Siedlung lag, zu bebauen. Die Baugrube war schon ausgehoben.

Als ich einige Tage nach Baubeginn an dem Grundstück vorbeikam, war bereits das Fundament gegossen und man war dabei, die ersten Kellerwände hochzuziehen.

Während ich in die Baugrube hinab blickte, bemerkte ich aus dem Augenwinkel, dass da noch jemand war, der sich die Baustelle anschaute. Es war eine alte Dame, genau die Dame, die mir vor einiger Zeit die Geschichten ihrer Kindheit erzählt hatte. Sie trug noch genau die gleiche schwarze Kleidung und hatte auch noch ihr kleines Hütchen auf. Ich trat an sie heran.

Jetzt erst sah ich, dass sie sehr merkwürdig dreinblickte. Sie wirkte irgendwie ängstlich. Ihr freundlicher Gesichtsausdruck, mit dem ich sie kennen gelernt hatte, war einer fahlen Maske gewichen. Während sie in die Grube blickte, schüttelte sie leicht den Kopf.

Nun hatte sie mich bemerkt. Sie schaute mich an.

„Geht es ihnen nicht gut?", fragte ich. „Kann ich ihnen helfen?"

Die Dame wandte ihren Blick von mir ab und schaute wieder zur Baustelle. Wieder schüttelte sie leicht den Kopf.

„Sie tun es wieder", kam es leise über ihre Lippen. „Sie bauen hier wieder ein Haus."

Als die Frau sich mehrmals bekreuzigte, wusste ich nicht, was ich von diesem Benehmen halten soll. Ich dachte daran, dass sie wohl in den letzten Monaten abgebaut hat und etwas senil geworden ist, denn sie wirkte total verwirrt. Dennoch tat sie mir leid.

„Kann ich ihnen irgendwie helfen?", fragte ich noch einmal.

Die Dame ging auf meine Frage nicht ein. Stattdessen meinte sie:

„Wenn das Haus hier fertig ist, dann wird es wieder geschehen."

Noch bevor ich sie fragen konnte, was sie denn damit meinte, sprach sie weiter:

„Dann kommt der alte Fluch zurück."

Für mich stand nun fest, dass die Alte nicht mehr ganz richtig im Kopf war. Sie tat mir zwar leid, doch kann man nichts daran ändern, wenn das Alter seinen Tribut zollt.

Als ich weitergehen wollte, sagte sie zu mir:

„Junger Mann, ich weiß dass sie ein guter Zuhörer sind. Bitte, hören sie mir noch einmal zu."

Ich tat es. Noch konnte ich nicht ahnen, dass die Geschichte, die sie mir nun erzählte, mich Jahre später erschaudern ließ.

„Genau hier", begann sie mit ihrer Erzählung, „hat früher ein Schuppen gestanden. Er gehörte unseren Nachbarn. Wenn ich damals als Kind im Garten stand, habe ich genau auf das Nachbargrundstück geblickt, genau auf diesen alten Schuppen. Eines Tages, ich war noch sehr klein, sah ich, dass einige Leute einen Sarg aus dem Schuppen heraustrugen. Von meiner Mutter erfuhr ich nur, dass halt jemand verstorben ist. Die Erinnerungen an diesem Vorfall kehrten nach Jahren in mir zurück. Als ich achtzehn Jahre alt war, passierte es wieder. Wieder wurde ein Sarg aus dem Schuppen herausgetragen. Der Tote war unser Nachbar. Seine Frau hatte ihn verlassen, weil sie einen anderen Mann kennen gelernt hatte. Diese Schmach konnte unser Nachbar scheinbar nicht überwinden. Er hatte sich das Leben genommen, indem er sich an einem Dachbalken im Schuppen erhenkt hatte. Nun erfuhr ich von einer Tante, dass der Tote, den sie damals in meiner Kindheit aus dem Schuppen getragen hatten, ebenfalls ein Selbstmörder war. Auch er hatte sich, genau wie unser Nachbar, mit einem Strick um den Hals an dem Dachbalken des Schuppens aufgehängt. Meine Tante sagte, dass ein Fluch auf diesem Ort liege.

Von ihr erfuhr ich, dass ein früherer Verehrer meiner Mutter sich ebenfalls das Leben nehmen wollte. Als meine Mutter sich damals dazu entschied, meinen Vater zum Mann zu nehmen, ging der verschmähte Verehrer in den Schuppen, übergoss sich mit Petroleum und zündete sich an. Ein paar seiner Freunde waren ihm in den Schuppen gefolgt und konnten das Feuer löschen. So kam er mit ein paar Verbrennungen davon. Das, was meine Tante da erzählt hatte, machte mir Angst. Ich fragte sie natürlich sofort, was für ein Fluch es denn war, der auf diesem Ort liegen sollte. Sie sagte nur, dass ich zu meiner Großmutter gehen sollte, weil diese die alten Geschichten noch besser wusste. Also ging ich zu meiner Oma. Sie war zwar sehr vergesslich, doch wenn man sie nach Dingen fragte, die ganz früher einmal passiert sind, dann konnte sie sich noch an jede Kleinigkeit erinnern. So erzählte sie mir auch die Geschichte über den Fluch. Sie nannte ihn den Fluch der Hexe von Schmidthorst. Wir hatten als Kinder in der Schule Heimatkunde und ich kann mich heute noch so gut an die Geschichte meiner Oma erinnern, weil ich sie als Aufsatz für Heimatkunde geschrieben hatte:

Vor vielen, vielen Jahren, lange bevor der Bergbau in unseren Breiten entdeckt wurde, gab es hier nur Wälder, Wiesen und Sumpf. Die einzige Besiedlung waren Gehöfte, die eine karge Landwirtschaft betrieben. Die Bauern waren meistens arm. Der einzige Bauer, dem es gut ging, hatte sich die Rechte an den ertragsreichen Böden der Gemeinung Schmidthorst gesichert. Er baute sich ein prächtiges Anwesen, um das ihn viele beneideten. Als der Bauer bekannt gab, dass er eine Braut für sich suchte, gab es zahlreiche Bewerberinnen, denn das Leben an seiner Seite war ein Leben im Wohlstand. Der Bauer jedoch verschmähte all die jungen

Frauen, die sich bei ihm vorstellten. Eines Tages aber erschien die Richtige. Sie war jung und sehr schön. Geblendet von so viel Schönheit, heiratete der Bauer sie, ohne nach ihrer Herkunft zu fragen. Einer alten Magd des Bauers kam die neue Bäuerin aber irgendwie bekannt vor. Die Magd beauftragte einen Knecht, Nachforschungen über die Herkunft der Bäuerin zu betreiben. Dieser stieß auf Gerüchte, dass die Frau seines Herren eine Hexe aus dem Osten sein sollte. Als die Magd dem Bauern davon unterrichtete, wurde er wütend auf sie. Wie konnte es eine Magd und ein Knecht wagen, böse Dinge über seine geliebte Frau zu erzählen. Der Bauer jagte den Knecht und die Magd von seinem Hof. Die Zeit verging und der Bauer wurde älter. Seine Frau allerdings sah immer noch jung und hübsch aus. Sie war bereits Fünfzig und hatte das Aussehen einer Zwanzigjährigen. Alle Männer der Umgebung waren von ihrer Schönheit angetan und umschwärmten sie. Immer öfter holte sich die Bäuerin einen Jüngling nach Hause, um mit ihm eine Liebesnacht zu verbringen. Sie überredete auch viele verheiratete Männer dazu, mit ihr einen Ehebruch zu begehen. Bald schon wurde sie von allen gehasst, denn sie brachte nur Unheil über die Familien. Auch dem Bauer blieb das Treiben seiner Frau nicht verborgen. Eines Tages konnte er die Schmach nicht mehr ertragen. Als die Bäuerin es wieder einmal mit einem Jüngling in der Kammer trieb, nahm der Bauer einen Strick zur Hand, ging auf den Dachboden und erhenkte sich. Schnell sprach sich der Tod des Bauern herum. Sogleich taten sich die Leute aus der gesamten Umgebung zusammen und holten einen Richter, den sie zum Hofe des toten Bauern brachten. Der Richter wusste bereits davon, welchen Schaden die Bäuerin in den Familien dieser Gegend angerichtet hatte, indem sie schamlos die

Männer verführte. Nun, da sie auch das Leben des Bauern auf dem Gewissen hatte, konnte es nur ein Urteil geben, den Tod. Sie sollte am Galgen enden. Als die Bäuerin das Urteil hörte, welches auf ihrem eigenen Hof über sie gefällt wurde, sprach sie einen Fluch aus. Alle Männer, die sich hier auf ihrem Hof befanden, sollen von ihren Frauen betrogen werden und sich, genau wie der Bauer, aus Verzweiflung das Leben nehmen. Dieser Fluch sollte für alle Zeiten über das Anwesen liegen und regelmäßig seinen Tribut fordern. Ganz in der Nähe der neuen Mühle von Schmidthorst war der Richtplatz. Dort stand der Galgen, zu dem die Bäuerin geführt wurde, um sie dem Henker zu übergeben. Das Urteil wurde unter dem Jubel der Leute sogleich vollstreckt. Zwei Monate später fand man den Richter tot in seiner Wohnung. Er hatte sich an einem Deckenbalken erhenkt, weil seine Frau mit einem anderen Mann durchgebrannt war. Nun bekamen alle, die bei dem Richtspruch über die Bäuerin anwesend waren große Angst. Sie zogen zum Hof des verstorbenen Bauern und brannten alle Gebäude nieder. Von diesem Tag an wurde das Grundstück von allen gemieden. Niemand wagte es mehr, auch nur ein Fuß in die Nähe des abgebrannten Gehöfts auf den Boden zu setzen. Im Laufe der Zeit geriet diese Geschichte fast in Vergessenheit. Nur die Alten erzählten ihren Nachfahren von den schrecklichen Geschehnissen, die sich damals zugetragen haben.

Als am Ende des neunzehnten Jahrhunderts der Bergbau auf dem Vormarsch war, änderte sich vieles in der Region. Nach der Jahrhundertwende blühte der Untertagebau. Benannt nach der neuen Mühle entstand in Schmidthorst die Zeche Neumühl. Eigens für die Bergleute wurden ausgedehnte Siedlungen angelegt. Jede Familie bekam ihr eigenes Haus. In den Gärten der meisten Zechenhäuser wurden damals Schuppen gebaut, damit sich die Familien Ziegen und Kaninchen halten konnten.

Meine Großmutter erzählte mir, dass der besagte Schuppen auf dem Nachbargrundstück genau dort errichtet wurde, wo einst der verfluchte Bauerhof lag. Es ist der Grund und Boden, auf dem für alle Zeit der Fluch liegt."

Die alte Dame, die neben mir vor der Baugrube stand, blickte mich abschätzend an. Scheinbar wartete sie auf eine Reaktion von mir. Ich wusste nicht so recht, was ich von dieser Erzählung halten sollte.

„Sie glauben nicht an solche Geschichten", sagte die Alte. „Ich sehe es ihnen an, dass sie mich für verrückt halten. Doch glauben sie mir, die Geschichte ist wahr. Leider geraten so alte Überlieferungen immer mehr in Vergessenheit."

Natürlich habe ich ihr erklärt, dass ich sie nicht für verrückt halte, nur weil sie alte Geschichten erzählt. Ihr Blick ging wieder zur Baustelle.

„Ich spüre es ganz deutlich. Der Fluch ist noch da", sagte sie leise. „Sie sollten besser kein neues Haus hier bauen. Sonst muss wieder jemand sterben."

Die Alte bekreuzigte sich noch einmal und ging fort.

Wenn ich ehrlich bin, dann fand ich die Geschichte der Frau sehr beeindruckend. Natürlich glaube ich aber nicht an solche Spukgeschichten. Meiner Meinung nach war die Alte geistig nicht mehr auf der Höhe, sonst hätte sie sich anders verhalten.

Diese Begegnung mit der Frau sollte die letzte gewesen sein. Ich habe die alte Dame seit diesem Tag nie wieder gesehen.

Anmerkung des Autors:
Die Geschichte über die Hexe von Schmidthorst versuchte ich so nieder zu schreiben, wie sie mir von der alten Dame übermittelt wurde. Leider bin ich mir nicht sicher, ob ich die Einzelheiten im Detail richtig dargelegt habe, da die Begegnung mit ihr schon einige Zeit zurück lag. Da ich weder im Stadtarchiv, noch sonst wo irgendwelche Hinweise auf diese Geschichte fand, bleibt mir nur die mündliche Überlieferung der alten Dame. Nachfragen bei älteren Bürgern, die zum „Neumühler Urgestein" gehören, ergaben, dass, mit Ausnahme eines alten Herrn, niemand etwas von einer Hexe aus Schmidthorst wusste. Der besagte Herr konnte aber auch nichts dazu sagen. Er meinte lediglich, dass er schon einmal etwas von der Hexe aus Schmidthorst gehört hat, aber nicht mehr wisse, was es damit auf sich hat. Dann gab es noch einen alten Mann, der von einer Geschichte wusste, die sein alter Steiger immer erzählt hatte. Diese Geschichte handelte allerdings von einer Zauberin von Schmidthorst, die angeblich alle Männer verzaubert hat.

Nach und nach lernte man fast jeden Bewohner in unserer Siedlung kennen. Und bald war es fast so, wie in einem Dorf, wo jeder jeden kannte.
Auch das junge Ehepaar, das sein Haus auf das angeblich verfluchte Grundstück gebaut hatte, gehörten zum großen Bekanntenkreis. Ungefähr acht Jahre waren vergangen, als bekannt wurde, dass die Ehe der beiden in die Brüche ging. Die Frau ging oft alleine aus und wurde regelmäßig zusammen mit anderen Männern gesehen. Ihr Mann konnte diesen Zustand nicht ertragen. Er fuhr mit seinem Auto auf ein wildbewachsenes Brachgelände, welches unmittelbar an unserer Siedlung angrenzte. Dort stellte er sein Fahrzeug ab, befestigte

einen Schlauch am Auspuff und leitete diesen in den Innenraum des Autos. Er stieg in den Wagen, dichtete das Fenster mit Tüchern ab und startet den Motor. Er wollte seinem unerträglichen Leben ein Ende bereiten. Anscheinend war Selbstmord für ihn der einzige Ausweg. Durch Zufall wurde das Auto aber von spielenden Kindern entdeckt. Diese holten sofort Hilfe. Gerade noch rechtzeitig wurde der Mann aus seinem Fahrzeug befreit. Er hatte überlebt. Seine Frau trennte sich von ihm und das Haus wurde verkauft.

Die Familie, die das Haus erwarb, kannte kaum jemand. Man sah diese Leute nur selten auf der Straße und fast niemand wusste etwas von ihnen. Nach ungefähr einem Jahr hörte man von den unmittelbaren Nachbarn des Hauses, dass auch bei dieser Familie alles in die Brüche ging. Die Frau hatte ihren Mann verlassen und lebte mit einem anderen zusammen. Als etwas später Polizei- und Krankenwagen vor der Tür des Hauses standen, herrschte in unserer Siedlung große Aufregung. Zunächst wusste keiner so genau, was dort geschehen war. Dann aber erfuhr man, dass die Polizei in der Garage ein Auto entdeckt hatte, von dessen Auspuff ebenfalls ein Schlauch ins Wageninnere verlegt wurde. Obwohl es ganz offensichtlich war, dass sich jemand mit den Autoabgasen umbringen wollte, fand man niemanden im Fahrzeug vor. Den Grund dafür fand man erst später heraus: Das Auto war nicht angesprungen. Trotzdem hatten Angehörige des Hausbesitzers eine schreckliche Entdeckung gemacht. Sie fanden ihn im Keller. Er hatte sich mit einer brennbaren Flüssigkeit übergossen und angezündet. Der Mann soll zunächst noch gelebt haben, dann aber seinen Verletzungen erlegen sein. Das Haus wurde von der Polizei versiegelt.

Nach diesem Vorfall fiel mir spontan die Geschichte der alten Frau wieder ein. Ich fragte mich: Kann es solche Zufälle geben? Obwohl ich die Begegnung mit der alten Dame eigentlich schon fast vergessen hatte, konnte ich mich plötzlich wieder an ihre Geschichte erinnern. Da ich historische Bücher und Landkarten von Duisburg besitze, suchte ich darin nach Anhaltspunkten über den Wahrheitsgehalt der Erzählung. Ich wurde sehr schnell fündig. In einem Buch war eine Landkarte abgebildet, die den hiesigen Bereich so zeigte, wie er im Jahre 1760 ausgesehen hatte. Den Stadtteil Neumühl gab es noch nicht. Es gab auf der alten Landkarte, die ich heraus gesucht hatte, nur ein Gebiet, welches als Schmidthorst bezeichnet wurde. Auf dieser Karte ist unterhalb von Schmidthorst der Fluss Emster, die heutige Emscher, eingezeichnet. Am Ufer der Emster befindet sich auf der Karte „die neue Mühle". Nach dieser Wassermühle wurde hinterher das gesamte Gebiet benannt, der Stadtteil Neumühl. Auf dem alten Plan entdeckte ich aber noch etwas, dass der Geschichte der alten Frau einen Funken Wahrheitsgehalt gab. Sie hatte erzählt, die Hexe sei zum Richtplatz in der Nähe der neuen Mühle gebracht worden. Auf der Landkarte ist in unmittelbarer Nähe der neuen Mühle ein Symbol eingezeichnet. Daneben steht geschrieben: „Galgen und Rad". Als ich das las, machte sich ein merkwürdiges Gefühl in meiner Magengegend breit. Auf der alten Karte waren auf dem Gebiet, welches als Schmidthorst bezeichnet war, auch eine Anzahl von Gehöften zu sehen. Diese Höfe sind alle namentlich benannt. Da in der Erzählung der Alten aber keine Namen gefallen sind, könnte sich diese Geschichte auf jedem der eingezeichneten Höfe zugetragen haben, vorausgesetzt, der Hof stand noch, als die Karte gezeichnet wurde, denn schließlich wurde das Gehöft ja, laut der Geschichte, niedergebrannt. Obwohl ich auf der alten Karte keine weiteren Einzelheiten entdecken konnte, war ich fasziniert davon, dass die Erzählung der Wahrheit entsprechen könnte. Mein Blick ging über den Plan, der vor mir lag. Ich sah die dort eingezeichneten Gehöfte, die neue Mühle und den Galgen. Sollte sich dort, vor langer Zeit, wirklich eine so dramatische Geschichte abgespielt haben? Dann nahm ich einen Stadtplan zur Hand, der unseren Stadtteil so zeigt, wie er zur Zeit des Bergbaus ausgesehen hatte. Neumühl bestand damals überwiegend aus Zechenhäusern. Genau dort, wo sich heute unsere Siedlung befindet, sind zwei parallel zueinander verlaufende Straßen abgebildet, die es heute nicht mehr gibt: Die Adolfstraße und die Alfredstraße. Auch die Zechenhäuser, die an diesen Straßen standen, sind penibel genau eingezeichnet. Die Häuser lagen unmittelbar an der Straße. Hinter den Häusern befanden sich große Grundstücke. Die Gartengrundstücke der Alfredstraße grenzten laut Karte direkt an den Gärten der Adolfstraße. Die alte Frau, die ja nach ihren Angaben auf der Alfredstraße gewohnt hatte, hätte demnach den besagten Schuppen auf dem „verfluchten Grundstück" immer im Blickfeld gehabt. Nun wollte ich es ganz genau wissen. Ich zeichnete die alte Karte auf eine transparente Folie ab und legte sie auf einen aktuellen Stadtplan. Eigentlich hatte ich das Ergebnis dieser Aktion schon vorausgeahnt. Dennoch war ich etwas schockiert. Das Haus in unserer Siedlung, welches seinen Bewohnern bisher nichts Gutes gebracht hatte, steht heute dort, wo sich einst das Gartengrundstück eines der Zechenhäuser an der Adolf-straße befand. Es steht am Ende des Grundstücks, fast am Garten der Häuser, die einst an der Alfredstraße lagen.

Sieht man von der Hexen- und Fluchgeschichte ab, dann entspricht die Erzählung der alten Dame der Wahrheit. Keiner weiß, was damals wirklich vorgefallen war. Legenden über Hexen und alte Flüche entstanden früher sehr schnell. Es ist möglich, dass es wirklich einmal eine dramatische Liebesgeschichte gegeben hat, in der eine untugendhafte Frau jemanden in den Freitod getrieben hat. Dennoch, die Ereignisse der Gegenwart deuten auf etwas Anderes hin, auf etwas, was es eigentlich nicht geben kann. Ich glaube nicht an Geister, Hexen und Flüche. Doch was ist es dann, was mich bei dieser Geschichte erschaudern lässt? Hat die alte Frau die Geschichte nur erfunden und konnte dank ihrer guten Ortskenntnis alles genau so beschreiben, wie es früher einmal war? Als die Alte mir diese Geschichte erzählte, stand das neue Haus noch nicht. Zu diesem Zeitpunkt konnte kein Mensch auch nur erahnen, was für Tragödien sich später in diesem Haus abspielen sollten. Sie hatte gesagt, dass der Fluch zurück kommt, wenn das Haus steht. Sie hatte Recht. Waren die neuerlichen Vorfälle nur Zufall oder konnte die alte Dame in die Zukunft blicken?

Oder, - gibt es tatsächlich den Fluch?

*   *   *

Buchtipps

Helene – Eine Kriegskindheit

Eine wahre Geschichte aus Duisburg. Dieser, bereits 2007 auf der Frankfurter Buchmesse neu vorgestellte Erfolgstitel gehört mittlerweile zu den absoluten Buch-Klassikern. Der Krieg, gesehen mit Kinderaugen. Obwohl die Handlung manchmal sehr tief unter die Haut geht, ist es eine wunderschöne Familiengeschichte.

Helene – Eine Kriegskindheit, Dieter Ebels, ISBN 978-3-7481-0295-3

Ruhrmord
Duisburg - Krimi

Als in den Ruhrwiesen ein Mordopfer gefunden wird, ahnt niemand, dass der Täter bereits den nächsten Mord plant. Nach zwei weiteren Morden beschließt der Täter, ein hochintelligenter Psychopath, die ermittelnde Kommissarin auf grausame Weise zu töten.
Hochspannung bis zum Ende.

Ruhrmord, Duisburg – Krimi, Dieter Ebels, ISBN 978-3-7519-3467-1

Ebenfalls im BoD-Verlag erschienene Bücher von
Dieter Ebels

Krimi
Das Geheimnis des Billriffs
Inselkrimi Juist

Krimi
Der schwarze Golk
Inselkrimi Wangerooge

Krimi
Die Bestie von Juist
Inselkrimi Juist

Thriller
Scador – Die
vergessene Legende

Jugend-Fantasy
Ghandoya
Das geheime Land

Humoreske
Lola …oder wie man eine auf-
blasbare Sexpuppe ermordet